Antje Bostelmann, Gerrit Möllers

Anregend, sinnvoll, sicher

Raum und Material in der Klax-Pädagogik

Impressum

Autoren
Antje Bostelmann, Gerrit Möllers

Layout
Stefan Müssigbrodt

Lektorat
Urte Schroeder

Korrektorat
Stefanie Barthold

Illustration Umschlag
Klax Kindergarten Elements, Berlin

Druckerei
Optimal Media, Röbel/Müritz
Gedruckt auf chlorfrei gebleichtem Papier

Verlag
Bananenblau – Der Praxisverlag für Pädagogen
E-Mail: info@bananenblau.de
www.bananenblau.de

ISBN 978-946829-56-0

Inhalt

Vorwort

Liebe Leserinnen und Leser,

das vierte Buch der Klax-Pädagogik widmet sich den Räumen und Materialien, die im pädagogisch-institutionellen Rahmen Einsatz finden. Die Umgebung, in der gelernt und gespielt wird, entsteht nicht zufällig. Loris Malaguzzi bezeichnete den Raum im pädagogischen Kontext als „dritten Pädagogen"[1]. Damit machte er darauf aufmerksam, wie sehr die gestaltete Umgebung in Bildungsinstitutionen den Menschen beeinflussen, lenken und in seiner Entwicklung hemmen oder fördern kann. Pädagogen* sollten dies wissen und sich die Wirkung der Räume und deren Ausgestaltung bewusst zunutze machen. Die räumliche Umgebung hat Einfluss auf die körperliche und seelische Gesundheit der Menschen und bestimmt in einem hohen Maße deren Entwicklung und Lernen mit. Es ist daher notwendig, sich über Räume und die darin enthaltenen Möbel und Spielmaterialien sehr genau Gedanken zu machen, und diese nicht dem Zufall oder allein den örtlichen Gegebenheiten zu überlassen.

Die Größe der Räume, ihre Belichtung, Temperatur, Luftqualität und Akustik sind meist in den Bauverordnungen geregelt. Diese Regelungen sind in den verschiedenen Ländern unterschiedlich und sollten deshalb, bevor eine Einrichtung gebaut wird, einer Prüfung

---

1 Dieser Leitsatz Loris Malaguzzis, einer der Mitbegründer der Reggio-Pädagogik, benennt den Mitschüler bzw. den Mitlernenden als ersten Pädagogen und den Lehrer bzw. Erzieher als zweiten Pädagogen.

* Um den Lesefluss nicht zu behindern, haben wir im Fließtext entweder die weibliche oder männliche Form gewählt. Es dürfen sich aber immer alle Geschlechter angesprochen fühlen.

unterzogen werden. Es lohnt sich immer zu fragen, ob die Baurichtlinien zu den in der Einrichtung verfolgten pädagogischen Zielen passen. Häufig wird hier eine Anpassung notwendig sein, die die Gesetze zur Grundlage nimmt und um pädagogische Denkweisen und Ziele ergänzt.

In vielen Kindergärten wird die Ersteinrichtung der Räume durch den Kämmerer der Stadt bestimmt. Es ist also nicht das pädagogische Denken, welches über die Ausstattung entscheidet, sondern das vorhandene Budget.

Allerdings ist es auch wenig zielführend, wenn sich die Leitungskräfte oder die Teams aus den Katalogen der Kindergarten- und Schulausstatter etwas aussuchen dürfen. In diesem Fall wird die Einrichtung nicht nach pädagogischem Wissen und Denken ausgestattet, sondern nach den persönlichen Vorlieben einzelner Erwachsener. Hier wird häufig aus der Perspektive des Erwachsenen gedacht: „Oh wie niedlich, wie süß, das finden meine Kinder bestimmt schön."

Wir haben uns schon häufig gefragt, warum es in den Katalogen der Hersteller so von Verniedlichungen wimmelt. Manche Vorschläge zur Raumausstattung sehen aus wie kitschig eingerichtete Wohnzimmer, vieles ist unpraktisch und hält einem Alltagstest nicht lange stand. Stellen Sie sich nur einmal vor, ein Krankenhaus würde auf diese Weise ausgestattet.

Der Markt fügt sich der Nachfrage. Es wird also produziert, was gekauft wird. So kommt es im Kindergartenalltag zu Möbeln mit Käfern und Schmetterlingen, in der Schule zu Smartboards und außerordentlich robusten Tischen und Stühlen aus Plastik.

Wenn geregelt wäre, dass die pädagogische Fachwelt ihr Wissen in die Raumausstattung einbringen muss, dann würden in den Katalogen der Kindergarten- und Schulausstatter sehr viel mehr spannende und pädagogisch innovative Ausstattungsvorschläge zu finden sein, als dies heute der Fall ist.

Müsste nicht auch der pädagogische Ansatz einer Institution maßgebend dafür sein, welche Möbel und Ausstattungsgegenstände sie nutzt? Viele pädagogische Konzepte, aber auch einzelne Experten, haben daher im Laufe der Zeit eigene Ausstattungselemente oder komplette Ausstattungslinien entwickelt, wie z.B. Montessori, Pikler, Waldorf und andere.

Wir widmen uns in diesem Buch den Räumen und den darin enthaltenen Materialien, über die wir uns in den letzten dreißig Jahren viele Gedanken gemacht haben. Wir haben die in Klassenräumen, Gruppenräumen und Fach- bzw. Funktionsräumen agierenden großen und kleinen Menschen beobachtet, sie befragt und mit ihnen diskutiert. Aus den so gewonnenen Erkenntnissen sind Grundsätze und Prinzipien für die Raumgestaltung in Klax Einrichtungen entstanden.

Wir hoffen, dass unsere Darlegungen in diesem Buch vielen Pädagogen helfen, über ihre Räume nachzudenken und Versuche zu unternehmen, mittels gut gestalteter Einrichtung und Materialauswahl den Alltag im Sinne der Kinder anregend, sinnvoll und sicher, außerdem für die Pädagogen arbeitserleichternd zu gestalten.

Wie immer freuen wir uns über Rückmeldungen zu unseren Gedanken und Erfahrungen.

Antje Bostelmann und Gerrit Möllers
Januar 2021

Einleitung

In der Klax-Pädagogik setzen wir die Raumgestaltung bewusst ein, um unsere pädagogischen Ziele zu erreichen. Kein Raum in einer Krippe, einem Kindergarten oder einer Schule bleibt dem Zufall überlassen. Die Einrichtung und Ausstattung wird in der Benutzung immer wieder beobachtet und reflektiert, um kontinuierlich weiterentwickelt zu werden.

Wir sind uns darüber bewusst, dass die Art und Weise der Einrichtung und der Materialausstattung darüber entscheidet, wie gut der Alltag funktioniert bzw. wie stark die pädagogischen Fachkräfte im Tagesverlauf regulierend eingreifen müssen.

Die gestaltete Umgebung ist daher eine der vier Säulen im Klax Fraktal.

Neben den individualisierten Lernwegen, der sozialen Gemeinschaft und dem authentischen Erwachsenen, basiert das Gelingen der pädagogischen Interaktion insbesondere im institutionellen Kontext auf einer adäquat gestalteten Umgebung. Die Umgebung, in der ein Kind aufwächst, spielt und lernt, müssen Erwachsene bewusst wählen und gestalten. Diese Aufgabe verlangt ihnen einiges ab. Am wichtigsten ist dabei der Verzicht auf die eigenen Vorlieben, zugunsten des Wissens darüber, was dem Kind guttut, es fördert und herausfordert.

Dieses Wissen darf nicht statisch bleiben, sondern wird von der Lebensrealität der Menschen beeinflusst und bewirkt so eine kontinuierliche Weiterentwicklung und Veränderung der gestalteten Umgebung.

Die gestaltete Umgebung ist im Klax Fraktal mit drei wesentlichen Eigenschaften beschrieben: anregend, sinnvoll, sicher.

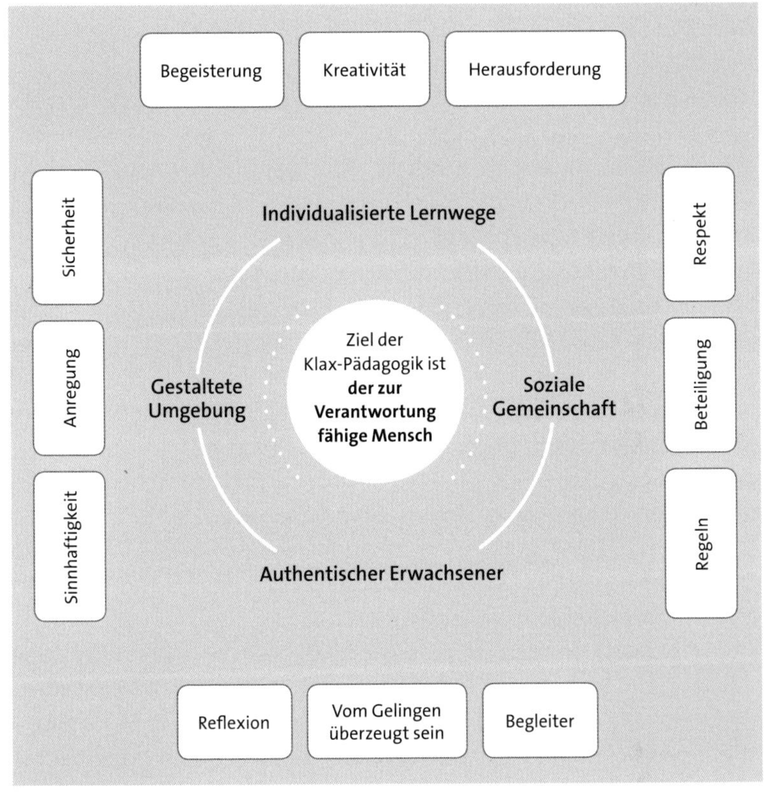

Das Klax-Fraktal

DIE GESTALTETE UMGEBUNG IST SINNVOLL

In den pädagogischen Institutionen sind ein Raum und das angebotene Material dann sinnvoll, wenn sie dem Alter und den Lebensbedürfnissen der im Raum und mit dem Material handelnden Menschen entsprechen. Das ist manchmal nicht so leicht umzusetzen, da die Bedürfnisse von Kindern, selbst innerhalb einer Alterskohorte, auseinandergehen können und die Bedürfnisse von Kindern und Erwachsenen im pädagogischen Kontext notwendigerweise ganz verschieden sind.

Pädagogische Räume erhalten ihren Sinn durch die Vermittlung der verschiedenen Ziele der im Raum agierenden und mit dem Material handelnden Menschen. Während die Pädagogen das Lernen und das soziale Verhalten der Gruppe lenken möchten, suchen die Kinder und Jugendlichen nach sinnvollen Ergänzungen ihres bisherigen Wissens. Nach Integration in die Gruppe und persönlichen Erfolgen. Dies lässt sich mittels einer durchdachten Raumanordnung und überlegten Materialangeboten erreichen.

Verantwortlich dafür ist der Erwachsene, der mit seiner Erfahrung und seinem Fachwissen dafür sorgt, dass die Kinder Materialien vorfinden, die so strukturiert sind, dass die einzelnen Entwicklungsstände berücksichtigt werden, und die genug Lernanregung bieten, um individuelle Lernerfolge zu erzielen. Der Erwachsene achtet dabei darauf, dass für jeden etwas dabei ist. Er gibt den schnellen Lernern herausfordernde Materialien, um die Ruhe zu finden, mit den Kindern zusammen zu sein, die Hilfe brauchen.

Der Erwachsene achtet auch darauf, dass der Raum so aufgeteilt ist, dass es die Möglichkeit gibt, sich zurückzuziehen und sich alleine zu beschäftigen, aber auch der Raum vorhanden ist, um in der Gruppe zusammenzukommen.

Neben den räumlichen Voraussetzungen muss der Erwachsene im pädagogischen Alltag dafür sorgen, dass der Tag so organisiert ist, dass sowohl still gearbeitet als auch miteinander gesprochen werden kann und am Ende genügend Zeit bleibt, um das (Lern-)Ergebnis jedes Einzelnen zu würdigen.

Dieses Vorgehen ist in jeder Altersstufe erfolgreich, wenn die altersspezifischen Besonderheiten berücksichtigt werden.

Aber wie muss ein Raum aussehen und welches Material braucht es, damit dies gelingen kann? Wir gehen in den nächsten Kapiteln ausführlich darauf ein.

Der mitwachsende Raum

In einer Krippe wurde ein Raum für die ein- bis zweijährigen Kinder eingerichtet. Die Gruppe der Kinder, die altershomogen zusammengesetzt wurde, ist zu Beginn des Kitajahres zwischen 12 und 14 Monaten alt. Viele Kinder lernten zu laufen und nutzten dazu eifrig, die bereitstehenden Lauflernwagen. Als das Laufen sicher beherrscht wurde, wuchs das Interesse der Kinder daran, Dinge durch den Raum zu transportieren. Die Lauflernwagen wurden nun für das Transportieren von Kuscheltieren, anderen Kindern und allerlei Dingen, die von den Pädagogen im Raum angeboten wurden, benutzt. Nach einigen weiteren Wochen wechselte das Hauptinteresse erneut und die Kinder beschäftigten sich mit Bausteinen und Schüttspielen. Die Pädagogen räumten die Lauflernwagen ins Lager und stellten eine große Schüttwanne im Raum auf.

Der Wechsel von Materialien macht es möglich, die Ausgestaltung des Raumes sinnvoll an die Aktivitäten der Kinder anzupassen, wenn der dafür notwendige Platz in der Raumgestaltung von Beginn an berücksichtigt wird. Wird dies versäumt oder ist es durch zugestellte und mit Material vollgestopfte Räume nicht möglich, entsteht Chaos und Unsicherheit bei Kindern und Erwachsenen, da der Raum nicht an die sich entwickelnden Bedürfnisse der Kindern angepasst werden kann.

DIE GESTALTETE UMGEBUNG IST ANREGEND

In pädagogischen Einrichtungen sollten die Räume und die angebotenen Materialien die Kinder und Erwachsenen zum Spielen, Lernen und Zusammensein anregen. Die Räume sollten die Regeleinhaltung und das soziale Miteinander unterstützen. In der Gestaltung von Räumen und der Art, wie die darin präsentierten Materialien angeboten werden, stecken viel didaktisches Wissen und vorausschauende Planung über die Abläufe in der Gruppe.

Maria Montessori[2] war eine Meisterin in der Gestaltung von anregenden Lernarrangements für Kindergartenkinder und Schüler. Von ihr haben wir viel gelernt. Die Lernarrangements in Kindergartenräumen und Schulräumen bei Klax sind häufig Weiterentwicklungen von Ideen aus der Montessori-Pädagogik.

Der Pädagoge lenkt durch die Anordnung der Materialien im Raum die Aufmerksamkeit der Kinder. Wenn er immer wieder neue Materialien in den Raum hineinbringt und schon länger vorhandene Materialien dabei austauscht, schafft er für die Kinder neue Anregungen und Zusammenhänge. Dabei ist darauf zu achten, dass man für unterschiedliche Lerntypen auch unterschiedliche Lernarrangements gestalten sollte.

Um eine Ordnung im Raum zu erhalten und den Kindern die Chance zu geben, sich in Ruhe einem Thema zu widmen, ist es wichtig, die Lernarrangements abgegrenzt und zoniert zu gestalten. Ähnlich, wie es Maria Monteressori mit ihren Lerntabletts gemacht hat.

2 Vgl. Montessori, Maria: Kinder sind anders (Kinder fordern uns heraus). dtv, München 2008 (24. Auflage).

Lerntabletts und Lerntheken

Es ist ganz unterschiedlich, wie und wovon Menschen sich faszinieren und zum Lernen anregen lassen. Die Idee, bestimmte Aufgaben auf einem Tablett anzurichten, ist sehr hilfreich, da eine Begrenzung einen Rahmen schafft, innerhalb dessen eine Aufgabe (eine Faszination) so arrangiert wird, dass sie sich selbst erklärt, zum Lösen anregt und die eigene Lösung selbst überprüft werden kann. Die Lernenden werden aufgrund der Darreichung der Aufgabe angeregt, selbstständig zu handeln.

Lerntabletts können dabei für unterschiedliche Lerntypen individuell arrangiert werden. Sie können mittels visueller, haptischer, akustischer oder motorischer Reize zur Beschäftigung mit der Aufgabe verlocken.[3]

3 Vgl. Bostelmann, Antje & Fink, Michael: Aktionstabletts – Experimente und Spielangebote. 40 Ideen für das Lernen in Krippe und Kindergarten. Bananenblau, Berlin 2020 (6. Auflage)
Vgl. Bostelmann, Antje: Aktionstabletts im Kindergarten. 41 spannende Lernangebote für Kinder von 3 bis 6 Jahren. Bananenblau, Berlin 2017 (2. Auflage).
Vgl. Bostelmann, Antje & Tielke, Karoline: Aktionstabletts für Zwei- bis Vierjährige. 33 spannende Lernangebote für den Übergang von Krippe zu Kindergarten. Bananenblau, Berlin 2019.

Dasselbe Prinzip wird zur Gestaltung von Lerntheken benutzt. Lerntheken finden bei Klax, insbesondere im Vorschulbereich und in der Schule, Anwendung. Sie dienen der vertiefenden Beschäftigung mit dem erworbenen Wissen, indem auf ihnen neue Aufgaben, interessante weiterführende Beispiele für den aktuell behandelten Lernstoff, veranschaulichendes Material und Rahmeninformationen ausgestellt werden. Auch bei der Gestaltung von Lerntheken ist die jeweilige Faszination entscheidend. Unterschiedliche Lerntypen sollen auch bei Lerntheken Aufgaben finden, die ihren Herangehensweisen entsprechen.

DIE GESTALTETE UMGEBUNG IST SICHER

Pädagogische Institutionen sollen Sicherheit und Geborgenheit vermitteln. Sicherheit sollte in diesem Kontext aus zwei Perspektiven betrachtet werden. Zum einen geht es um das „sicher sein“:

Damit Kinder und Erwachsene in Kindergärten und Schulen sicher sind, wurden viele Regeln aufgestellt: Verordnungen zum Brandschutz, Hygieneregeln, Arbeitsschutz und Gesundheitsschutz treffen viele Festlegungen, die unbedingt einzuhalten sind, regelmäßig kontrolliert werden und somit dafür sorgen, dass das Risiko für Unfälle und Unglücke im institutionellen Kontext drastisch minimiert ist. Die Sicherheit liegt dabei nicht allein in den Händen der Pädagogen, sie muss auch von den Kindern, Jugendlichen und Eltern umgesetzt und geschützt werden. Dazu werden in den Einrichtungen Regeln aufgestellt, die mit Eltern und Kindern vereinbart werden. Die gesamte soziale Gemeinschaft einer Einrichtung ist dafür verantwortlich, dass jeder Einzelne gesund und sicher in der pädagogischen Institution lernen kann.

Zum anderen geht es darum, sich „sicher fühlen“ zu können:

Jeder, der neu in eine soziale Gemeinschaft eintritt, muss diese zunächst kennenlernen. Er oder sie muss die in dieser Gemeinschaft geltenden Regeln verstehen lernen und üben, sich in den räumlichen Gegebenheiten und den sozialen Strukturen zurechtzufinden. Jeder von uns kennt das – denken Sie zum Beispiel an Ihren ersten Arbeitstag in einer neuen Anstellung: Erst wenn wir wissen, an wen wir uns mit welcher Frage wenden können, wo die Garderobe ist, in welchem Raum und zu welcher Zeit, welche Tätigkeit stattfindet, beginnen wir uns auszukennen und uns sicher in einer neuen Umgebung zu bewegen.

Den Kindern geht es ganz genauso. Die Zeit der Eingewöhnung soll ihnen diese Phase des Hineinwachsens in eine neue Umgebung erleichtern. Dies gelingt jedoch nur, wenn die Umgebung eine stabile Ordnung und möglichst viele Konstanten aufweisen kann. Wechseln die Personen in einer Institution zu häufig und sind Ordnung und Struktur nicht zu erkennen, kann sich keine soziale Gemeinschaft bilden, und das Gefühl von Sicherheit wird nicht entstehen.

Deshalb ist es besonders in pädagogischen Einrichtungen wichtig, dass im Alltag feste Strukturen gelebt werden. Diese Strukturen brauchen Schutz und Regeln, die dafür sorgen, dass alle sich an diese Strukturen halten.

Was geschieht zu welcher Zeit?

Im Tagesablauf einer jeden Einrichtung ist festgelegt, was zu welcher Zeit an welchem Ort geschehen soll. Diese Festlegung schafft eine Vorhersehbarkeit kommender Ereignisse, für alle Mitglieder der Gemeinschaft. Sollte ein Erzieher, eine Erzieherin oder eine Lehrkraft plötzlich nicht zur Arbeit erscheinen können, braucht es ein geregeltes Vorgehen, wie die Tagesplanung dennoch sichergestellt ist. Es ist keine Option, einen Morgenkreis, einen geplanten Ausflug oder ein Unterrichtsfach ausfallen zu lassen. Viel besser ist es, die vorhandenen Strukturen zu nutzen, um die Abläufe stabil zu halten. Dies kann durch Reservekräfte gelingen, aber auch dadurch abgesichert werden, dass die Kindergruppe (ab dem Vorschulalter) lernt, beispielsweise einen Morgenkreis, alleine durchzuführen. Dies kann zum Beispiel in einem gut eingerichteten Raum sein, in dem die Morgenkreiskissen, die Morgenkreistafel und der Morgenkreiskasten einen festen Platz haben, sodass die Kinder angeregt werden und es leicht haben, sich im Kreis zusammenzufinden (siehe Abbildung Seite 18).[4] Der Morgenkreis wird ab dem vierten Lebensjahr stets abwechselnd von einem Kind, gemeinsam mit der Erzieherin,

4 Vgl. Odemarck, Maria & Schaper, Silke: Die soziale Gemeinschaft in Krippe und Kindergarten stärken. 22 direkt umsetzbare Praxisideen zur Gestaltung von Morgenkreisen. Bananenblau, Berlin 2020.

geleitet. Die Erzieherin gibt dem Kind Feedback für sein Engagement, den Morgenkreis zu führen, und bildet so nach und nach bei allen Kindern die Fähigkeit aus, im Notfall auch allein den Morgenkreis durchzuführen.

Der Raum hat so seine wichtige Funktion erfüllt. In ihm wurde ein Rahmen geschaffen, der die pädagogische Aktivität der Erzieherin unterstützt.

In allen pädagogischen Einrichtungen sollte überlegt werden, wie die Räume so ausgestaltet werden können, dass sie die Selbstständigkeit der Kinder unterstützen.

1 Grundprinzipien der Raumgestaltung

In jeder Institution sollte der Ausdruck „Räume für Kinder“ ernst gemeint sein. Das bedeutet, dass die Raumausstattung in Augenhöhe und Reichweite der Kinder stattfindet. Es bedeutet, dass Fenster so gebaut sind, dass Kinder selbstständig hinausschauen können, oder dass dort, wo dies nicht der Fall ist, für die Kinder sichere und eigenständig zu erklimmende Erhöhungen angebracht werden, damit sie von dort aus selbstständig aus dem Fenster schauen können.

Dekoration an Fenstern und Decken anzubringen, ist eher eine Vorliebe von Erwachsenen und wird von den Kindern entweder nicht wahrgenommen oder behindert den Ausblick auf die Welt. Auf Dekoration sollte deshalb am besten ganz verzichtet werden. Es ist wichtig, zwischen Dekoration und temporären Themenarrangements zu unterscheiden.

Material, das nicht benutzt wird, hat im Raum nichts zu suchen. Hohe Regale, die von den Kindern nicht erreicht werden können, um dort Material oder Ähnliches außer Reichweite zu lagern, soll es in den Kinderräumen nicht geben.

Die Wandfläche wird entsprechend der Kinderhöhe geteilt. Bis zu der Höhe, die der Größe der Kinder entspricht, werden Bilder, narrative Wände, Poster mit Regeln usw. angebracht, die sich an die Kinder richten. Die Wandfläche darüber dient der Erwachsenenkommunikation.

Es ist wichtig, dass die Erwachsenen ihre eigene ästhetische Wahrnehmung und ihre persönlichen Vorstellungen von Kindergarten- oder Schulräumen reflektieren. Oft spiegelt sich darin eine romantisierte Sicht auf die Erfahrungen aus der eigenen Kindheit wider. Viel wichtiger ist es, sich bei der Raumgestaltung die Frage nach dem pädagogischen Sinn zu stellen:

Was weiß ich über die altersgemäßen Bedürfnisse der Kinder, die mir anvertraut sind? Was will ich für die Kinder erreichen? Welche Ansprüche haben die Kinder und welche habe ich als Pädagoge an den Raum? Oder auch andersherum: Was soll im pädagogischen Alltag auf keinen Fall passieren?

DER BLICK DER KINDER

Jeder, der über Kinderräume entscheidet, und sei es, dass nur etwas weggeräumt, umgeräumt oder einen neuen Anstrich bekommen soll, muss sich fragen, wie das, was jetzt geschieht, mit Kinderaugen wahrgenommen wird.

In Krippe, Kindergarten und Grundschule ist die Augenhöhe der den Raum benutzenden Kinder deutlich anders, als bei den über den Raum entscheidenden Erwachsenen. Aber um die Augenhöhe geht es dabei nicht allein. Jeder und jede, der/die über Räume für Kinder und Heranwachsende entscheiden will, braucht die Fähigkeit, aus der Perspektive der Kinder zu denken. Die Kinderperspektive wird bestimmt von ihrer Körpergröße, ihrer Orientierungsfähigkeit, ihrer Konzentrationsfähigkeit, ihrer Fähigkeit, selbstständig Material zu benutzen, ihrem Ordnungs- und Sicherheitsbedürfnis.

Die Körpergröße der Kinder entscheidet darüber, wie hoch Stühle und Tische sein müssen, wie hoch Regale sind und bis zu welcher Höhe an der Wand Abbildungen angebracht werden können, deren Inhalt sich an die Kinder richtet.

Die Orientierungsfähigkeit der Kinder muss bei der Planung der Raumanordnung im Haus Berücksichtigung finden. Die Räume brauchen einen logischen und für Kinder nachvollziehbaren Zusammenhang. Auch die Raumeinrichtung muss der Orientierung dienen: Wo sitzen wir zusammen, wo arbeiten oder lernen wir in Gruppen oder alleine, in welchem Bereich wird gespielt und an welchen Plätzen werden die Materialien aufbewahrt? Die Raumeinrichtung muss diese Funktionen aus Sicht der Kinder klar repräsentieren, sichtbar machen und sie muss an der jeweiligen Stelle sinnvoll sein.

Die Konzentrationsfähigkeit der Kinder nimmt mit zunehmendem Alter zu. Räume müssen so gestaltet sein, dass sie Ruhe ausstrahlen, eine gute Akustik haben und nicht mit optischen Reizen überflutet werden. Wenige, sinnvoll angeordnete Möbel, einzelne Poster und Dekorationselemente sowie klare Strukturen und Ordnungssysteme unterstützen die Kinder bei ihren Tagesaktivitäten.

Die Fähigkeit, selbstständig Material zu benutzen und Ordnung zu halten, wird am besten durch die Bereitstellung von wenigen, immer wieder an die sich entwickelnden Fähigkeiten der Kinder angepassten Materialien erreicht, die einen anregenden und auffordernden Charakter haben sollten. Anregungsfotos[5], die im Kontext mit dem Material aufgehängt werden, unterstützen dies zusätzlich. Jedes Material hat dabei seinen festen Platz. Dieser kann durch Aufräumfotos[6] gekennzeichnet werden.

5 Auf Anregungsfotos wird dargestellt, wie das Material genutzt werden soll oder wie eine auf dem Tablett angebotene Aufgabe beispielhaft gelöst werden könnte.

6 Auf Aufräumfotos wird gezeigt, wie das Regal bzw. der spezifische Platz im aufgeräumten Zustand aussieht.

In den ersten Tagen, in denen die Gruppe neu in einem Raum ist, wird das Aufräumen geübt. Später klappt es dann mit dem selbstständigen Aufräumen gut, denn Kinder lieben Ordnung. Mit den richtigen Raumstrukturen und Materialpräsentationen kommen wir diesem Bedürfnis entgegen.

Wie Räume sicher ausgestaltet werden, lernen Pädagogen in der Ausbildung. Die Einhaltung der Sicherheitsanforderungen wird in jeder Einrichtung regelmäßig kontrolliert. Für Kinder bedeutet Sicherheit aber mehr, als dass ihnen nichts auf den Kopf fallen kann, sie nirgendwo abstürzen oder sich einklemmen können. Für Kinder bedeutet Sicherheit, die Dinge immer am selben Ort wiederzufinden, in einer Tagesstruktur zu leben, auf die Verlass ist, sich in der Kindereinrichtung oder Schule gut orientieren zu können und die Personen zu kennen, die für sie da sind.

DIE ANREGENDE ÄSTHETIK

Ästhetik bedeutet ganz einfach Wahrnehmung und bezieht sich auf die sinnliche Begegnung mit der Welt. Es geht dabei nicht darum, ob etwas als schön oder hässlich eingestuft wird. Vielmehr ist die ästhetische Auseinandersetzung mit der Welt die Grundlage für menschliche Urteile. Die Ästhetik richtet ihren Blick dabei nicht in erster Linie auf das Objekt (z.B. eine Blume) und versucht dieses in seiner Form und Funktion zu bestimmen, sondern sie richtet den Fokus auf das Subjekt (z.B. ein Kind) und fragt nach seiner Wahrnehmung dieses Objektes. Ziel ist es dabei nicht, den Zweck eines bestimmten Gegenstandes zu bestimmen, sondern die Möglichkeiten, die ein Gegenstand bietet, zu entdecken. Die Sinnstiftung vollzieht sich damit im Individuum, das dem Gegenstand eine eigene, kreative und in sich sinnvolle Bedeutung gibt.[7]

Der Blumenstrauß

Die Erzieherin baut im Atelier ein prächtiges Arrangement aus Blumen und blühenden Zweigen auf. Im Morgenkreis fragt sie die Kinder, welche Farben die Blumen haben und ob sie wissen, wie die einzelnen Blumen heißen und zu welchen Sträuchern respektive Bäumen die jeweiligen Zweige gehören. Sie fragt die Kinder auch, wo diese Blumen wachsen und wo die Kinder solche Blumen noch gesehen haben.

Sie fordert die Kinder auf, eine Blüte aus dem Arrangement herauszunehmen und diese genauer zu untersuchen. Die Kinder riechen daran, vergleichen die Farben und beginnen die Blütenteile abzuzupfen und vor sich auf dem Tisch auszubreiten. Gemeinsam

7 Vgl. Kant, Immanuel: Kritik der Urteilskraft. In: Werke in zwölf Bänden, Band 10. Suhrkamp, Frankfurt am Main 1977, S. 136 f.

werden die einzelnen Teile genau untersucht, benannt (Stempel, Polle, Blüten etc.) und in ihrer Funktion erklärt (Fruchtbildung). Danach beginnen die Kinder die Blüten zu zeichnen.
Ein Mädchen hat sich für eine Tulpenblüte entschieden und versucht diese ganz genau darzustellen. Ein Junge hat sich von dem Blumenarrangement so inspirieren lassen, dass er eine unendlich lange Blumengirlande zeichnet. Ein drittes Kind ist von den Stempeln und Pollen fasziniert und zeichnet den Pollenflug in der Luft, indem es ein Blatt mit vielen kleinen Punkten füllt.

In der Pädagogik spielt die Auseinandersetzung mit dem Begriff der Ästhetik eine wichtige Rolle. Sie geht über bildnerische Angebote zur künstlerischen Betätigung weit hinaus. Die Ästhetik eines Raumes schafft dem Menschen Möglichkeiten, diesen Raum selbstaktiv mit Sinn zu füllen und sich darin zu entfalten.

Für die Gestaltung von Räumen und Materialien lassen sich daher wichtige Ableitungen treffen. Die Art und Weise, wie die Umgebung gestaltet ist, wirkt auf den Menschen, beeinflusst sein Fühlen, sein Denken, seine Gesundheit und nicht zuletzt auch die Lernfähigkeit. Ästhetisch anspruchsvolle Kinderräume sind Räume, deren Gestaltung und Ausstattung die Kinder faszinieren, ihre Neugier wecken und den Rahmen für kreatives Lernen schaffen.

Es ist nicht damit getan, dass Räume da sind. Ohne durchdachte Planung und geschützte Strukturen sowie kontrolliertes Verhalten in den Räumen können Räume auch negative, sogar schädigende Wirkung haben. Zille hat einmal gesagt, dass Räume einen Menschen töten können.[8] Er ging hier besonders auf die schlechten Wohnbedingungen der ärmeren Bevölkerungsschichten seiner Zeit ein, in der die Kinder ohne Sonne in unhygienischen Verhältnissen aufwachsen mussten. Auch wenn es uns heute bei der Einrichtung von Bildungsinstitutionen nicht mehr in erster Linie um gesundheitliche Belange geht, müssen wir uns über die Auswirkungen unserer Entscheidungen zur Raumgestaltung im Klaren sein. Ein Kind in eine Ecke zu stellen oder aus dem Raum auszuschließen, ist ein leider immer noch zu beobachtendes Verhalten von Pädagogen gegenüber Kindern. Jede Kindereinrichtung sollte den Anspruch verfolgen, eine schöne und angenehme Umgebung für Kinder und Erwachsene zu sein. Viel zu häufig ist sie das nicht.

8 „Man kann mit einer Wohnung einen Menschen genauso töten, wie mit einer Axt." (Heinrich Zille).

Eine positive Wahrnehmung von Räumen und Material ist abhängig von:

- einer inklusiven sozialen Gemeinschaft
- Zielen, die die Persönlichkeit respektieren und die Entwicklung fördern
- einer durchdachten räumlichen und pädagogischen Planung im Sinne der Ziele
- genügend Raum für jedes Mitglied der sozialen Gemeinschaft
- Verhaltensregeln, die die soziale Gemeinschaft aktivieren, stärken und schützen
- der Förderung der Selbstständigkeit durch eine anregende Umgebung
- der Möglichkeit, sich die Umgebung zu eigen zu machen

Bei der Einrichtung und Ausgestaltung von Kinderräumen sollten wir sehr auf die Aspekte der sinnlichen Wahrnehmung und die damit verbundenen Emotionen achten.

In Kinder- und Bildungseinrichtungen muss unbedingt der Grundsatz „Weniger ist mehr“ gelten. Wenige gut ausgewählte und sorgfältig arrangierte, einfache Gegenstände sind einem Überfluss an Material, mit Möbeln vollgestellten Räumen und überdekorierten Arrangements, deutlich vorzuziehen.

Beim Betreten von Kindergärten und Schulen stellt sich häufig die Frage, wer in dem Gewimmel von Postern, Zetteln und Bildern noch die Übersicht behalten kann. Man kann Räume in Kindergärten und Schulen sehen, die so vollgestellt sind, dass die Kinder darin kaum Platz haben.

Es gibt auch das Gegenteil: verödete Räume, die davon zeugen, dass die Pädagogen die Bemühungen, um eine gute Beziehung zu den Kindern, längst aufgegeben haben.

Die Ästhetik guter Kinderräume in Schulen und Kindergärten macht sich zuerst einmal an Normalität fest. Diese Räume strahlen die Normalität eines erfüllten Alltags der Kinder und Schüler aus.

Das ästhetische Konzept unserer Welt lässt sich bewusst durch verschiedenste Angebote nachvollziehen. Der Alltag in Kindertageseinrichtungen steckt voller Möglichkeiten und Momente, die nur sorgfältig genutzt werden müssen. Pädagogische Fachkräfte sorgen dafür, dass es in den Räumen an vielen Orten Schönheit gibt. Dies meint besondere und anregende Dinge oder besonders liebevolle Gestaltungen, die zeigen, dass die Erwachsenen gerne mit den Kindern zusammen sind.

DIE LENKENDE STRUKTUR

Unser Lebensalltag ist von vielen lenkenden Strukturelementen durchdrungen: Beschilderungen, Verkehrsampeln, Markierungen auf Fahrbahnen – um nur einige zu nennen – helfen uns beim Zurechtfinden.

In Kindereinrichtungen und Schulen sind Strukturelemente, die die soziale Gemeinschaft lenken und ihre Regeln verdeutlichen, unabdingbar.

Die strukturelle Gestaltung beginnt mit der Planung des Hauses. Es ist wichtig, sich vorzustellen, wo Eltern hineinkommen, was ihnen als Erstes begegnen soll und wo es welche Einblicke in Räume und Funktionen geben wird. Wichtig ist es auch, sich zu überlegen, wie Kinder und Pädagogen in die Räume hineingelangen, wie durch die Räume hindurchgegangen wird und was in den Räumen gemacht werden soll.

Transparent gestaltete Häuser sind nicht nur schön, sondern notwendig. Das Gefühl von Licht, Luft und viel freiem Raum, der mit Ideen, gemeinsamen Spielen und Gedanken gefüllt werden kann, belebt die soziale Gemeinschaft. Es braucht aber auch Bereiche, die dem Rückzug und dem Alleinsein dienen.

Damit im Haus kein Chaos entsteht, muss genau geplant werden, wer wo seine Sachen lässt, wie einzelne Kinder und Kindergruppen zu den Waschräumen, der Cafeteria und wieder zurück in die Spielzonen und Funktionsräume gelangen. Es muss klar sein, wo die Erwachsenen sich aufhalten, wo Eltern Zutritt haben und wo Kinder ungestört sein können. Ein gut durchdachtes Haus trägt eine lenkende Struktur in sich und drückt diese quasi selbsterklärend aus.

Über diese Grundstruktur hinaus gibt es Grundwerte und Regeln, die zusammen die Basis für das Leben in dem Haus darstellen. Es ist wichtig, aber nicht ausreichend, diese in Form einer Hausordnung und eines Regelpapiers im Eingangsbereich auszuhängen. Es braucht an vielen Stellen im Haus unterschiedliche Kommunikationsformen, die auf diese Regeln und Werte hinweisen. Dies können Statements an den Wänden, Fotos und Materialarrangements sein, die so gestaltet sind, dass sie stets daran erinnern, was in diesem Haus wichtig ist.

DIE VERANTWORTUNGSVOLLE BENUTZUNG

Viel zu häufig kommt es vor, dass ein neu eingerichteter Kindergarten, der gerade noch bestaunt wurde, schon nach kurzer Zeit abgenutzt wirkt und der Sinn von Räumen und Materialien nicht mehr erkennbar ist. Wir fragen uns dann, wie es passieren konnte, dass die Lernumgebung, die doch von den Pädagogen jeden Tag bewusst gestaltet und für die Kinder vorbereitet wird, der dritte Erzieher, wie es in der Reggio-Pädagogik heißt, so unter die Räder kommen konnte.

Der Verfall von Räumen und das Verschwinden von Material sind nur ein Symptom. Es ist das Symptom für eine Kindereinrichtung oder eine Schule, die daran krankt, dass der sozialen Gemeinschaft zu wenig Aufmerksamkeit gewidmet wird. Dies führt dazu, dass die Pädagogen sich nicht mehr anders zu helfen wissen, als die Heranwachsenden immer enger zu kontrollieren, anstatt mit ihnen gemeinsam den verantwortungsvollen Umgang miteinander und mit den Räumen zu üben. Von entdeckendem Lernen, Selbstständigkeit und kreativem Spiel kann in solchen Einrichtungen kaum noch die Rede sein.

Für Fachkräfte, die nach der Klax-Pädagogik arbeiten, bedeutet dies, dass sie einen Großteil ihrer zur Verfügung stehenden Arbeitszeit, auf die Gestaltung einer lebendigen, sozialen Gemeinschaft und deren Umgebung verwenden müssen:

- Es ist wichtig Material einzukaufen, welches eine lange Haltbarkeit verspricht, lange das Interesse der Kinder bindet, gut im pädagogischen Materiallager aufbewahrt und einfach wieder hervorgeholt werden kann.
- Wände sollen leicht zu reinigen oder einfach zu schützen sein, damit die regelmäßig wiederkehrende Renovierung, die jährlich geplant sein muss, in einem zeitlich vertretbaren Rahmen bleibt.
- Möbel sollen einfach, zeitlos und funktional sein, damit sie lange halten und ihren Zweck dauerhaft erfüllen. Es braucht überall viel Platz, damit frei und ausgiebig gespielt werden kann.

- Es braucht Ordnungssysteme, die auf einen Blick erkennen lassen, dass die Materialien alle vorhanden und an ihrem Platz sind.
- Es braucht Dienste, die vorsehen, dass Kinder abwechselnd für die Raumordnung und den Materialerhalt verantwortlich sind.
- Es braucht viele Gespräche in Morgen- und Abschlusskreisen über den Zustand der Räume und des Materials.

Pädagogen müssen sich der sogenannten „Broken-Windows-Theorie" bewusst sein und entsprechend proaktiv handeln. Laut der „zerbrochenen Fenster" von James Q. Wilson und George L. Kelling besteht ein Zusammenhang zwischen dem Verfall von Stadtquartieren und steigender Kriminalität. Dies veranschaulichen die beiden Sozialwissenschaftler an der zerbrochenen Fensterscheibe, die, wenn sie nicht schnell repariert wird, weitere Zerstörungen begünstigt und damit den allgemeinen Verfall eines Stadtquartiers weiter fördert.

Jetzt geht es in Kindergärten und Schulen meist nicht um kriminelles Verhalten. Allerdings ist die „Broken-Windows-Theorie“ eine gute Erklärung für den Zusammenhang zwischen der Duldung von regellosem Verhalten, dem Auflösen der sozialen Gemeinschaft und dem damit verbundenen Verfall der Umgebung. Es ist wichtig, sich dies bewusst zu machen und so die gestaltete Umgebung über den intensiven Schutz und die aufwendige Entwicklung einer lebendigen sozialen Gemeinschaft zu bewahren. Zwischen dem Zustand der sozialen Gemeinschaft und dem Zustand der Umgebung besteht ein Zusammenhang und eine Wechselwirkung. Aus der Vernachlässigung wird schnell ein Teufelskreis, der – einmal in Gang gesetzt – schwer zu durchbrechen ist.

DIE SICHERHEIT GEBENDE FLEXIBILITÄT

Räume in Kindereinrichtungen und Schulen müssen sich verändern können. Die Lebensrealität der Menschen ändert sich stetig und dies muss Auswirkungen auf den Inhalt und die Art und Weise, wie die pädagogischen Institutionen ihren Auftrag umsetzen, haben.

Pädagogische Institutionen brauchen eine Sicherheit gebende Flexibilität, die sich auch in der Raumgestaltung ausdrückt. Die Kinder brauchen Platz und Orte, die sich verwandeln können. Deshalb gibt es in den Räumen freie Flächen auf dem Fußboden, die zum Zusammensitzen, zum Bauen, zum Malen und Spielen einladen. Tische und Stühle würden hier nur stören.

Die Räume sind in Zonen unterteilt, die ihren Zweck durch die Art der bereitgestellten Materialien offenbaren und keine trennenden Regale oder Ähnliches brauchen.

Es braucht Orte, Ecken oder Räume, die sich verändern können. Die in der einen Woche noch eine Raumstation und in der nächsten vielleicht eine Metrostation sein können.

Damit ist nicht gemeint, Notlösungen zu schaffen, die davon ausgehen, dass man z.B. im Bauraum zur Mittagszeit alles wegräumt, um die Liegen der Kinder aufzustellen. Solche unglücklichen Doppelnutzungen von Räumen beschränken die Spielmöglichkeiten der Kinder und schaffen unnötige Brüche im Ablauf des Alltags, wenngleich sie in manchen Einrichtungen aus Platzmangel nötig sind. Solche Brüche müssen von den Pädagogen gut aufgefangen und intensiv behandelt werden, damit sie von einer Störung in eine Chance gewandelt werden können.

Sicherheit und Flexibilität sind kein Widerspruch, beide gehören zusammen. In der Raumgestaltung entsteht Sicherheit durch Räume, die stets ihren Zweck, ihre Funktion und ihre Benutzungsregeln behalten, und es gibt Bereiche, von denen erwartet wird, dass sie sich verändern. Durch das Bereitstellen von Orten, die angepasst werden können, schützt man gleichzeitig die Bereiche, die ihre Funktionen behalten sollen.

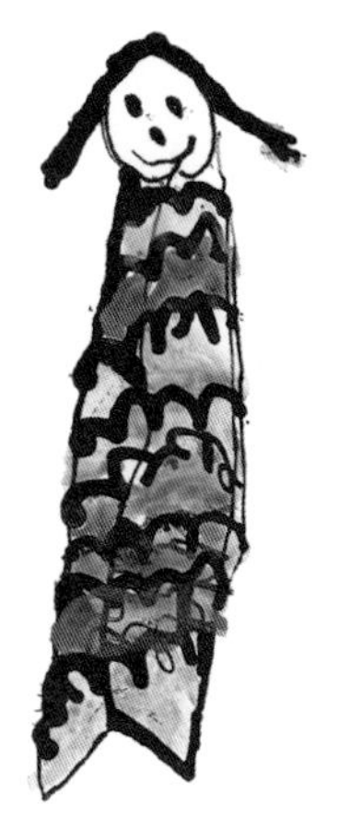

2 Die Entwicklung der pädagogischen Institution

Durch unsere Tätigkeit erhalten wir oft die Gelegenheit, Kindergärten oder Schulen im europäischen Ausland zu besuchen. Vor einigen Jahren haben wir dabei eine Vorschule gesehen, in der 4-jährige Kinder den Tag über an Schulbänken saßen und Arbeitsblätter bearbeiteten. Sie haben verschiedene Formen ausgemalt und erste Buchstaben nachgezeichnet. Es fand praktisch keinerlei Interaktion statt. In den Pausen gingen die Kinder gemeinschaftlich nach draußen, spielten und kamen anschließend in Reih und Glied wieder in ihren Raum zurück, setzten sich an ihre zugewiesenen Plätze und erwarteten das nächste Arbeitsblatt, mit dem sie sich einzeln beschäftigten.

Über diese Beobachtung haben wir viel nachgedacht. Dieser Besuch hat uns verdeutlicht, dass der Kindergarten und die Schule des 18. und 19. Jahrhunderts mit ihren kasernenhaften Strukturen nicht nur bis in die 1960er-Jahre überlebt haben, sondern dass Elemente dieser Institutionen auch heute noch im Bildungssystem vorhanden sind und ihre Wirkung entfalten.

Wir alle kennen die Fotos von Schlafsälen, Speisesälen und im Gleichmaß aufgereihten Kindern, die Hand in Hand von einem Raum in den anderen gehen. Diese Art der Kinderbetreuung und Beschulung hat bis heute ihre Spuren hinterlassen und ist bei genauem Hinsehen in heutigen Kindergärten und Schulen an Raumausstattung und Pädagogenverhalten noch zu erkennen.

Diese Vorgehensweise kennen wir auch aus Krankenhäusern, Kasernen, Gefängnissen, Kinderheimen, Schulen und Kindergärten. Sie ist auf die Vereinheitlichung der in ihr agierenden Personen ausgerichtet und entsprach den Bedürfnissen der wirtschaftlichen und gesellschaftlichen Verhältnisse damaliger Zeiten. Verhältnisse, die auf die Steuerung von Menschengruppen ausgerichtet waren, die wie im Takt von Maschinen als Einheiten funktionieren mussten. Daher lag der Fokus der damaligen pädagogischen Institutionen darauf, mit vereinheitlichter Kleidung und ordnenden Raumstrukturen zu arbeiten, die keinerlei individuelle Merkmale tolerierten oder förderten.[9] Angepasstes und konformes Verhalten wurde gefördert und belohnt.

9 Gleichzeitig hat diese massive Uniformierung von Menschen auch ihre entsprechenden Gegenbewegungen mit befördert, insbesondere die Reformpädagogik. Auf die historische Entwicklung der pädagogischen Strömungen gehen wir in Band 1 unserer Reihe näher ein. Vgl. Bostelmann, Antje & Möllers, Gerrit: Verantwortungsvoll, sozialkompetent, kreativ. Das Bild vom Kind in der Klax-Pädagogik. Bananenblau, Berlin 2015.

Die Kinder wurden dabei möglichst früh, ihren gesellschaftlichen Schichten und ihren Geschlechterrollen entsprechend, separiert und auf ihre unterschiedlichen Rollen und Aufgaben vorbereitet (Industriearbeiter und Soldaten auf der einen Seite, Offiziere und Kaufmänner auf der anderen Seite).

Pädagogen müssen sich bewusst sein, dass diese tradierten Vorstellungen und Methoden bis in die Kindergärten und Schulen von heute hineinwirken. Die in der eigenen Kindheit gemachten Erfahrungen in Kindergarten und Schule sind für viele Erwachsene (Pädagogen wie Eltern) bis heute die Basis ihrer Beurteilung, ob sie eine bestimmte Einrichtung als „gute" oder „schlechte" pädagogische Institution einordnen. Dies stärkt ein tradiertes Bild von Bildung und Erziehung, erschwert Veränderungen und führt dazu, dass bis heute kaum grundlegende Weiterentwicklungen, insbesondere im Schulbereich, stattgefunden haben. Symbolhaft steht hierfür der typische Klassenraum unserer heutigen Schulen, der trotz vielfältiger pädagogischer Entwicklungen in seinen Grundstrukturen immer noch dem Aufbau aus dem 19. Jahrhundert entspricht.

Der Schulleiter der Klax Schule berichtet von folgendem Erlebnis: Im Kündigungsgespräch teilte ihm der Vater eines Schülers mit, dass er seinen Sohn aus der 5. Klasse der Schule nimmt, um ihn an eine Schule zu bringen, an der es üblich ist, dass die Kinder aufstehen, wenn eine Lehrperson den Raum betritt. Dies zeigt, dass die Einflüsse der früheren Kasernenpädagogik sich heute noch auf die Schulwahl der Eltern auswirken. Für Pädagogen von heute ist es immer noch schwer, sich das Vertrauen der Eltern in das moderne Herangehen – die Lenkung pädagogischer Prozesse über die soziale Gemeinschaft und über die Selbstständigkeit des darin agierenden Individuums – zu sichern.

Die ersten Anzeichen des reformpädagogischen Wandels zeigten sich bereits zu Beginn des 20. Jahrhunderts. Ab den 1960er-Jahren vollzog sich dann eine deutliche Wende im Rollenverständnis von Lehrer und Schüler, beziehungsweise Pädagoge und Kind. Vertreter dieser Denkansätze sind John Dewey[10], James und Jill Nottingham[11], Seymour Parpart[12], Mitchel Resnick[13] etc. Der Lehrer sollte sich zum Partner des Lernenden weiterentwickeln. Der Schüler zum Akteur seines Lernens werden. Es vollzog sich eine Wende hin zu den individuellen Ressourcen und Kompetenzen des einzelnen Schülers. Dies ist auch Ausdruck eines Wandels der gesellschaftlichen Anforderungen an den Einzelnen, die sich aus den politischen, sozialen und wirtschaftlichen Veränderungen seit den 1960er-Jahren ergab. Der klassische, oft wenig spezialisierte Industriearbeiter, wurde zunehmend weniger gebraucht. Gleichförmige Aufgaben für Gruppen von Menschen wurden durch Maschinen ersetzt. Höher qualifizierte, kreativ und lösungsorientiert denkende Fachkräfte wurden und werden benötigt.

Für die Förderung der individuellen Fähigkeit der nachwachsenden Generation brauchte es neue Methoden und Werkzeuge. Das neue Rollenverständnis von Lehrer zu Schüler musste sich auch in neuen Strukturen und Formaten, in neuen Regeln und veränderten Räumen (z. B. Lernatelier) widerspiegeln, damit eine Veränderung des pädagogischen Alltags tatsächlich Realität werden konnte: Es wurden Formen der Mitbestimmung entwickelt (z.B. Klassenrat), damit die Schüler lernen konnten, sich an demokratischen Entscheidungsprozessen zu beteiligen. Ämter in Schule und Kindergarten ermöglichten es, Kindern zu lehren, was es bedeutet, Verantwortung für die Gemeinschaft zu übernehmen. Viele Elemente, die den Kern der

10 Dewey, John: Demokratie und Erziehung. Eine Einleitung in die philosophische Pädagogik. Hrsg: Oelkers, Jürgen. Beltz, Weinheim und Basel 2011 (5. Auflage).

11 Nottingham, James & Nottingham Jill: Challenging Learning through feedback. Hot to get the type, tone and quality of feedback right every time. Corwin, Thousand Oaks 2017.

12 Vgl. Papert, Seymour: Mindstorms. Children, Computers, And Powerful Ideas. Basic Books, New York 2020 (aktualisierte Auflage).

13 Vgl. Resnick, Mitchel: Lifelong Kindergarten. Warum eine kreative Lernkultur im digitalen Zeitalter so wichtig ist. Bananenblau, Berlin 2020.

pädagogischen Arbeit in Klax Einrichtungen aber auch vielen anderen Kindergärten und Schulen heute beschreiben, sind in dieser Entwicklung entstanden.

Kern dieser Entwicklung war die Erkenntnis, dass Lernen nicht für alle nach dem gleichen Muster und im Gleichschritt erfolgen kann, wenn wir individuelle Fähigkeiten und Kompetenzen sowie Kreativität fördern möchten. Lernen ist vielmehr ein soziales Paket, das im Austausch mit anderen am besten gelingt. Daher wurde es zum Ziel der Institutionen Kindergarten und Schule, Methoden und Instrumente für individuelles Lernen in der sozialen Gemeinschaft und im Austausch mit anderen Lernern zu entwickeln. Dies umzusetzen und dafür passende Formate zu entwickeln, ist bis heute eine unserer Kernaufgaben.

Die institutionelle Pädagogik von Fernand Oury

Fernand Oury, der selber viele Jahre als Lehrer vor allem in der Nachkriegszeit ab den 1950er-Jahren an Schulen unterrichtet hat, hat seine Theorie der „Institutionellen Pädagogik" basierend auf seinen Beobachtungen, Lehrerfahrungen und entwickelten und getesteten Werkzeugen und Methoden aus dem pädagogischen Alltag entwickelt. Geleitet wurde er dabei von der Frage, warum bestimmte Methoden bessere Ergebnisse für bestimmte Schülerinnen und Schüler erzielten, die in den üblichen Unterrichtsroutinen weniger erfolgreich gewesen wären. [14]
Grundsätzliche Kritik übte er dabei an totalitären und hierarchischen Strukturen in den pädagogischen Institutionen und im Kern am Rollenverhältnis von Lehrer und Schüler in ihrer direkten dualen Beziehung, die den Lehrer zum aktiven Wissensträger macht und den Schüler zum unwissenden, unmündigen und pas-

14 Vgl. Mouchet, Claude & Bénévent, Raymond: Von Freinet zu Freud. Die institutionelle Pädagogik von Fernand Oury. Peter Lang, Frankfurt am Main 2015, S. 278.

siven Lerner, der dauerhaft unfähig bleibt, sich aus dieser Rolle zu emanzipieren. Für Oury ist es die zentrale Aufgabe des Lehrers, diese duale Beziehung zu überwinden. Dafür entwickelte er das Instrument der Institutionalisierung der Klasse, um ein drittes Element in die duale Beziehung zwischen Lehrer und Schüler zu etablieren. Nach Oury ermöglicht dieses dritte Element in der Beziehung dem Lehrer, „das Handeln von seiner eigenen Person zu dezentrieren [und es ermöglicht dem Schüler,] sich auf etwas anderes zu beziehen als die Person des Lehrers (...), die durch ihre Vorherrschaft ein Hindernis auf dem Weg zur Autonomie, zum Individuum ist."[15]

Am Beispiel verdeutlicht meint Oury, dass es die Beziehung von Lehrer und Schüler befreit, wenn es institutionalisierte Instrumente, wie zum Beispiel einen Wertegrund oder einen Klassenrat gibt, der die Regeln des gemeinsamen Lernens beschließt und auch für deren Einhaltung sorgt, statt diese Aufgabe nur den Lehrern zu überlassen, da dies seine Rolle als Begleiter des Lernens der Schüler beschädigt. Gleichzeitig werden die Schüler durch die Übernahme von Verantwortung für die Gruppe zu aktiven Teilen der Gemeinschaft.

Die Erkenntnisse, die Fernand Oury aus seiner Praxis gewonnen hat, können wir aus unseren eigenen Erfahrungen nur bestätigen. Die funktionierende Gemeinschaft ist die absolute Basis erfolgreichen Lernens in der Schule, genauso wie im Kindergarten oder jeder anderen Form der pädagogischen Institution.

15 Geffard, Patrick & Schlemming, Gérald & Teycheney, Jean-Christophe: Was ist Institutionelle Pädagogik? Ein kurzer Abriss. 2010 [Stand 30.12.2020: www.researchgate.net/publication/272816747].

In unseren Überlegungen möchten wir aber noch einen Schritt weiter gehen. Lernen findet immer und zu jeder Zeit statt. Die Vorstellung, dass Lernen nur im formalen Rahmen der Schule stattfinden kann, und nur, wenn ein Lehrer physisch anwesend ist, ist aus unserer Sicht überholt. Auch die Entwicklung der Digitalisierung unserer Lebensumwelt, die wir seit einigen Jahren beobachten können, macht uns deutlich, dass wir die Grenzen zwischen den Bildungsinstitutionen, wie Kindergärten und Schulen, und der Gesellschaft aufweichen, wenn nicht gar sprengen müssen. Heutige Kindergärten und Schulen leben quasi als Parallelwelten außerhalb des „realen Lebensumfeldes" ihrer Kinder und Schüler. Diese gilt es zu vereinen.

Dafür ist es notwendig, diesen Status zu überdenken und eine ganz neue Form der institutionellen Kinderbetreuung, Kindererziehung und Beschulung zu entwickeln:

Kindergärten und Schulen, die sich in die Gesellschaft hinein öffnen, sich an notwendigen Entscheidungen für die Gesellschaft beteiligen und an deren Umsetzung mitwirken, sind Ausgangspunkt und Ergebnis der Förderung individueller Fähigkeiten und Kompetenzen des Einzelnen und seiner gleichzeitigen Einbindung in die soziale Gemeinschaft. Pädagogische Institutionen müssen sich gegenüber der Gesellschaft öffnen und Kinder und Jugendliche in demokratische Gremien, in die Gestaltung öffentlicher Räume, Regeln und Gesetze aktiv einbinden. Kinder brauchen eine echte Stimme in der Gesellschaft, damit das Zurückdrängen der Idee vom kindlichen, unfertigen Wesen aus der Welt geschafft wird.

Eine solche Veränderung zeigt sich in neuen Formen von Kindergarten- und Schulgebäuden, die dem Anspruch an offene Lernhäuser, im wahrsten Sinne des Wortes, gerecht werden.

Dies zeigt sich auch im Verzicht auf einheitlich geltende Lehrpläne, die von individuellen, auf den Stärken und Kompetenzen beruhenden Lern- und Entwicklungsdokumentationen, abgelöst werden.

Ein Kind wird nicht mehr gefragt: „Was willst du werden?“ Es wird gefragt: „Was willst du können?“ Diese Frage ist eine offen gestellte Frage, deren Antwort sich entwickeln und verändern kann. Keine, die eine einmalige, für das gesamte Leben entschiedene Wahl zur Folge hat.

Mit dem Wissen über das Erbe der Kasernenpädagogik und dem daraus resultierenden Einfluss auf unser heutiges Tun, muss aus unserer Sicht die räumliche Anordnung und materielle Ausgestaltung von Schulen und Kindergärten betrachtet und reflektiert werden.

Wir sehen heute in Krippen und Kindergärten keinen Schlafsaal und keine Verpflegungsräume. Es gibt überall Bemühungen, Räume und Materialangebote, die individuelles und gemeinschaftliches Lernen gleichermaßen fördern, zu schaffen. Doch reicht es aus, ein Eigentumsfach zu haben und einen eigenen Haken in der Garderobe? Fördert es die Individualität wirklich ausreichend, einen eigenen Arbeitsplatz im Lernatelier zu haben, in dem sich persönliche Gegenstände ausstellen und aufbewahren lassen? Oder ist es nicht vielmehr notwendig, weitere Überlegungen darüber anzustellen, wie der Einzelne innerhalb der sozialen Gemeinschaft seine Persönlichkeit und Privatsphäre bewahren und gleichzeitig seine Zugehörigkeit zur sozialen Gemeinschaft zeigen kann?

Der in der Klax-Pädagogik verfolgte Ansatz, das Individuum an seinem Platz in der sozialen Gemeinschaft herauszustellen und entsprechend seinen Eigenheiten zu fördern, braucht eine gut durchdachte und täglich reflektierte Balance, die sich auch in der Raumgestaltung wiederfindet.

3 Räume für die soziale Gemeinschaft

Die Räume in einer pädagogischen Einrichtung bilden die Basis des Zusammenlebens. Sie können durch ihre Strukturierung ein gewünschtes Verhalten von Kindern, Jugendlichen und Erwachsenen fördern oder erschweren. Ohne eine den Routinen und Regeln der sozialen Gemeinschaft entsprechenden Raumstruktur, ist ein funktionierender Alltag deutlich erschwert.

Vor dem Hintergrund unserer Überlegungen aus dem vorherigen Kapitel, ist es wichtig, verschiedene Grundüberlegungen zu einem Raumprogramm für die Umsetzung der Klax-Pädagogik anzustellen, die wir auf den folgenden Seiten vorstellen.

SELBSTSTÄNDIGKEIT BRAUCHT ÜBERSICHT UND TRANSPARENZ

Alle Räume sind klar in ihrer Funktion zu erkennen. Man kann durch große Glasscheiben in den Türen in die Räume hinein- und heraussehen und erkennen, welche Spiel- oder Lernangebote dort stattfinden. Für jeden Raum gibt es Verhaltensregeln, die die Raumnutzung und die Erkennbarkeit der Raumfunktion unterstützen. Diese Verhaltensregeln sind eingeübt, werden gelebt und dadurch zu einem weiteren Erkennungsmerkmal des Raumes. Zum Beispiel wird im Bewegungsraum gesprungen und gerannt, in anderen Räumen ist dieses Verhalten nicht in Ordnung. Wer etwas bauen will, geht in den Bauraum und trägt dort einen Helm, falls das Bauwerk über die Schulterhöhe des Baumeisters hinauswächst. Im Schlafraum wird geflüstert. Diese einfachen Regeln, die sich an der Funktion des jeweiligen Raumes orientieren, schaffen Klarheit und Transparenz und ermöglichen es den Kindern, im Alltag selbstständig die Räume zu wählen, die zu ihren Wünschen und Interessen passen.

SELBSTSTÄNDIGKEIT BRAUCHT VERTRAUEN

Mit dem Vertrauen ist es so eine Sache. Vor allem, wenn den Pädagogen eine altmodische Denkweise, z.B. über die Aufsichtspflicht, im Nacken sitzt. Vertrauen bedeutet nicht, dass man nicht hinschaut. Vertrauen ist eine gegenseitige Angelegenheit und entsteht, wenn das, was gesagt wird und was geregelt ist, auch gelebt wird.

Vertrauen festigt sich, wenn es Bestätigung bekommt. Dies geschieht zum Beispiel dadurch, dass die Räume ihre Funktion behalten und diese nicht ständig wechselt. Vertrauen entsteht, wenn die Pädagogen in einer Einrichtung alle gemeinsam die Regeln durchsetzen und auch die Kinder dafür gewinnen.

Vertrauen beruht darauf, dass die Tagesroutinen gleich bleiben, auch wenn jeder Tag mit anderen Inhalten und Schwerpunkten gefüllt ist. Vertrauen entsteht, wenn die Kinder Verantwortung übertragen bekommen und die Pädagogen sie sehen, wenn sie sich verantwortlich verhalten und sie darin bestärken.

Pädagogen brauchen die Gewissheit, den Überblick zu behalten, um sich immer wieder zu vergewissern, wie die Kinder sich verhalten und entwickeln. Die Räume müssen dies grundlegend möglich machen.

ERWACHSENENRÄUME UND KINDERRÄUME

Die Räume von Erwachsenen und Kindern sind getrennt. Dies geschieht so, dass Klein und Groß voneinander wissen und nicht nur den Ort, sondern auch die Regeln kennen, die es möglich machen, in die Räume des jeweils anderen hineinzugehen.

Das Büro der Leitung, das Schulsekretariat und die Aufenthaltsräume der Pädagogen sind für die Kinder auffindbar und einsehbar. Es ist klar geregelt, wie man dort Zutritt erlangt. Der übliche Weg ist: anklopfen und sich mit seinem Namen vorstellen. Die Erwachsenen begegnen Kindern oder Jugendlichen, die in ihre Räume kommen, mit Respekt und finden stets Zeit für das Klären eines Anliegens oder ein kurzes Gespräch.

Die meisten pädagogischen Räume sind Räume, für das gemeinsame Arbeiten von Kindern und Erwachsenen. Aber es gibt Zeiten, in denen die Kinder allein im Raum ihrer Beschäftigung nachgehen. Dies muss auch in Situationen, in denen Besucher herumgeführt werden, Bestand haben. Erwachsene sollten höflich anklopfen, fragen, ob sie stören, und erst hineingehen, wenn die Kinder sie einladen.

In Fluren und Gemeinschaftsbereichen, wie z.B. Cafeterias sollte das respektvolle und geregelte Gemeinschaftsleben selbstverständlich sein.

EINSEHBARE BEREICHE ERMÖGLICHEN INDIVIDUELLE FREIHEIT

Die Freifläche einer Einrichtung, der Garten oder der Schulhof müssen für jeden zu jeder Zeit erreichbar und von allen gut einsehbar sein. Sicher gibt es hier und da eine kleine Ecke, die etwas Privatsphäre ermöglicht, aber im Großen und Ganzen gibt es viel Offenheit.

Diese Offenheit ermöglicht ein Maß an individueller Freiheit, welches der Einzelne braucht. Eine einfach erreichbare und gut einsehbare Freifläche macht es möglich, dass jeder dann auf den Schulhof oder in den Garten gehen kann, wann er möchte, weil er zum Beispiel den Garten für sein Lernen oder sein Wohlbefinden braucht. Natürlich funktioniert auch dies nur unter Regeln und eingeübten Ritualen der sozialen Gemeinschaft.

RAUMSTRUKTUREN FÜR LERNGRUPPEN

Die soziale Gemeinschaft braucht eine Grundstruktur, die die Organisationsabläufe unterstützt. Damit wird die Komplexität reduziert und die Übersichtlichkeit erhöht. Dies ist eine Grundvoraussetzung für die Sicherstellung qualitativ hochwertiger Arbeit in der pädagogischen Einrichtung.

Damit kommt der Leitungsperson eines Kindergartens oder den Schulleitungen eine hohe Verantwortung zu. Bei der Strukturierung der Gruppen muss genau geplant werden, welche und wie viele Kinder und Erwachsene im zu planenden Schul- bzw. Kitajahr zusammenleben und wie sie sich in Gruppen oder Klassen einteilen lassen. Bei Klax werden in Krippen, Kindergärten und Schulen altershomogene Bezugsgruppen gebildet, wobei die Altersangaben Richtwerte sind. Ausschlaggebend für die Zuordnung zu einer Gemeinschaft sollte stets der jeweilige Entwicklungsstand sein.

Die Anzahl der so gebildeten Gruppen hängt sehr stark von den räumlichen Möglichkeiten ab. Allerdings darf es hier keine Kompromisse geben, denn die jeweilige Gruppe wird in ihrem Raum das nächste Schul- oder Kitajahr verbringen, und da müssen alle Voraussetzungen passen. Unterjährige Veränderungen in der Gruppenzuordnung oder in der Raumzuordnung stören das Gemeinschaftsleben massiv und sollten deshalb eine absolute Ausnahme sein.

Außerdem muss die Gruppen- und Raumstruktur die Anforderung der Übersichtlichkeit erfüllen. Die für eine Einheit zuständige Leitung muss in der Lage sein, die Namen aller ihr anvertrauten Personen zu kennen. Wir haben dafür die Größe von maximal 100 Personen definiert und bemühen uns, Strukturen zu bilden, die in der Größe nicht darüber hinausgehen.

In einem Kindergarten zum Beispiel, kann es maximal fünf Gruppen geben. Bei 12 bis 15 Kindern pro Gruppe (eine Gruppengröße, die für Kindergartenkinder zumutbar ist) macht dies eine Gesamtgröße von 60 bis 75 Kindern. Zusammen mit dem Personal sind dann ungefähr 100 Personen Mitglieder der sozialen Gemeinschaft dieses Kindergartens.

Fünf Gruppen passen zudem gut zu den fünf Bildungsbereichen der Klax-Pädagogik. Welch ein Glück, dass die Woche fünf Tage hat – so kann jedes Kind jede Woche an Angeboten aus allen Bildungsbereichen teilnehmen.

Wochenplan der Kita und Vorschule

Woche vom 29.04.19 bis 03.05.19

Projektthema: DIE GROßE WELT DER KLEINEN INSEKTEN

	Montag	Dienstag	Mittwoch	Donnerstag	Freitag	Veranstaltung
Früh-dienst	KAY	FATMA	F	ANGELINA	ELKE	3. MAI BESUCH VOM IMKER
Angebotszeit	DEUTSCH DIE KLEINE SPINNE WIDERLICH	MUSIK LIEDER ÜBER INSEKTEN	E	DEUTSCH DIE KLEINE SPINNE WIDERLICH	L O	
	ENGLISCH IDENTIFYING AND NAMING INSECTS	ENGLISCH INDENTIFYING AND NAMING INSECTS	i	MUSIK LIEDER ÜBER INSEKTEN	G B	
	GESELLSCHAFT KÖNIGE UND KÖNIGINNEN IN DER INSEKTENWELT	GESELLSCHAFT KÖNIGE UND KÖNIGINNEN IN DER INSEKTENWELT	E	ENGLISCH IDENTIFYING AND NAMING INSECTS	U C H	
	UNIVERSUM KÖRPERTEILE DER INSEKTEN	UNIVERSUM KÖRPERTEILE DER INSEKTEN	R	BEWEGUNG ERNÄHRUNGS-PYRAMIDE DER INSEKTEN	A R	
	MATHE GRÖßEN DER INSEKTEN VERGLEICHEN	MATHE GRÖßEN DER INSEKTEN VERGLEICHEN	T	GESELLSCHAFT KÖNIGE UND KÖNIGINNEN IN DER INSEKTENWELT	B E	
	ATELIER INSEKTEN ZEICHNEN MIT VERSCH. METHODEN	ATELIER INSEKTEN ZEICHNEN MIT VERSCH. METHODEN	A	MATHE GRÖßEN DER INSEKTEN	I T	
Mittags			G			Geburtstage
Nach-mittags	KERAMIKKURS	ENGLISCHKURS	1.	TANZKURS	FREISPIEL	
OA	GESELLSCHAFT	UNIVERSUM	M	MATHE	AUFRÄUMTAG	
Spät-dienst	MATEUSZ	KAY	A	FATMA	ANGELINA	
Bemer-kungen			i	FÜHRUNG	BUCHPROJEKT FOTOSHOOTING	

Legende: VB = Vorbereitungszeit / A=Atelier / B=Körper, Bewegung / G=Gesellschaft / M=Musik / U=Universum / OA=Offenes Angebot / EG=Elterngespräch / Url=Urlaub

ANGEBOTSPLANUNG

KINDERGARTEN WOLKENHAUS

Bezugsgruppe	Montag	Dienstag	Mittwoch	Donnerstag	Freitag
Grüne Wolken	Bewegung	Universum	Atelier	Gesellschaft	Musik
Rote Wolken	Universum	Bewegung	Musik	Atelier	Gesellschaft
Lila Wolken	Musik	Gesellschaft	Universum	Bewegung	Atelier
Rosa Wolken	Gesellschaft	Atelier	Bewegung	Musik	Universum
Blaue Wolken	Atelier	Musik	Gesellschaft	Universum	Bewegung

Die gesetzlichen Vorgaben zur Gruppenstärke unterscheiden sich innerhalb der Bundesländer und über die deutschen Ländergrenzen hinweg. Was jedoch in allen Krippen, Kindergärten und Schulen von Klax gleich ist, ist, dass jedes Kind und jeder Bezugserzieher einer Gruppe zugeordnet ist. Egal ob Kindergarten oder Schule, wichtig ist, dass alles dafür getan wird, dass jeder sich seiner Gruppe zugehörig und in seiner Gruppe sicher fühlt. Bei der Gruppenzuordnung kommt es immer darauf an, dass alle wissen, wer zu wem gehört, denn diese Frage ist grundlegend und emotional bedeutend, nicht nur für die Kinder, sondern auch für die Pädagogen.

Auch in Schulen empfiehlt es sich, Strukturen zu schaffen, die unter 100 Personen pro Einheit (Lernfamilie) bleiben. Auf diese Weise ist es möglich, die unbedingt notwendige Identifikation der Schülerinnen und Schüler und ihrer Lehrpersonen mit der Schule und den von dieser Lernfamilie genutzten Räumen zu festigen und zu schützen.

DAS ZUSAMMENSPIEL VON FUNKTIONSRAUM UND HEIMATRAUM

Die Kinder und Jugendlichen brauchen eine gute Beziehung zu ihrem Kindergarten oder ihrer Schule. Selbst Krippenkinder identifizieren sich mit ihrer Krippengruppe, sprechen über ihre Erzieherin und können das Gebäude wiedererkennen, in welchem ihre Krippe untergebracht ist.

Kleine Kinder entwickeln diese Zugehörigkeit über die positiven Signalen, die sie von ihren Eltern in Bezug auf einen bestimmen Ort oder bestimmte Menschen erhalten. Zeigen Eltern aber eine Abneigung gegenüber der Einrichtung und den dort arbeitenden Personen, übernehmen die Kinder dies ebenfalls.

Es braucht einiges, damit Kinder, Eltern und Pädagogen sich in einer Einrichtung wohlfühlen. Am wichtigsten sind dabei ein Ort und eine Person, die mit dem Kind und seinem familiären Umfeld eine Beziehung eingeht.

Das Entstehen dieser Beziehung wird durch die Zugehörigkeit zu einer überschaubaren Gruppe und einen dazugehörenden Raum erleichtert.

Früher wurde vom Klassenraum oder Gruppenraum gesprochen. Heute spricht man häufiger vom Heimatraum. Jede Gruppe, jede Klasse braucht einen solchen Raum, der nur zu dieser Gruppe oder Klasse gehört. Da aber darüber hinaus der Bedarf nach Funktions- oder Fachräumen besteht und das Flächenmaß der meisten Einrichtungen es nicht ermöglicht, Heimat- und Fachräume voneinander getrennt zu haben, müssen die meisten Einrichtungen mit Kombinationen leben.

Das ist nicht leicht, zumal nicht jeder Fachraum als Heimatraum taugt. Im Atelier oder im Bewegungsraum lässt sich kein Heimatraum einrichten, da es kaum Möglichkeiten für gemütliche Morgen- und Abschlusskreise gibt. Diese beiden Fachräume lassen sich auch nicht „personalisieren", das heißt von einer Gruppe mit den Dingen ausgestalten, die dieses Gruppe ausmachen und mit denen sie sich identifiziert. Dies wiederum ist für einen Heimatraum entscheidend.

4 Lebendige pädagogische Einrichtungen – über die Alltagspraxis in Klax Einrichtungen

Ob es sich nun um eine Krippe, einen Kindergarten oder eine Schule handelt – in jeder dieser Institutionen dreht sich der Alltag um die Kinder. Das Ziel der pädagogischen Arbeit bei Klax ist klar gesteckt und im Klax Fraktal benannt: der zur Verantwortung fähige Mitbürger.

Es geht also in der Klax-Pädagogik darum, zu lernen, Verantwortung zu tragen, verantwortlich zu handeln und dies auch von anderen zu erwarten. In dem Wort „Mitbürger" steckt die Erwartung an die Fähigkeit zur Zusammenarbeit und zur Integration in eine soziale Gemeinschaft. Beide Worte gemeinsam machen deutlich, dass es sich um eine aktive Eingliederung in die Gemeinschaft handelt, und dass eine Wechselwirkung zwischen der Kompetenzentwicklung des Einzelnen und der Entwicklung der Gemeinschaft besteht.

Aus dem Klax Fraktal lässt sich auch ablesen, wie hoch der Stellenwert der sozialen Gemeinschaft ist. Das Individuum lernt in dieser Gemeinschaft auf eigenen Wegen, wird von authentischen Erwachsenen begleitet und bemüht sich, um eine anregend gestaltete Umgebung.

Auf dieser Basis muss der Alltag in den pädagogischen Einrichtungen so gestaltet sein, dass ein Gemeinschaftsleben voller individueller Lernwege möglich ist.

Von den aktuell gelebten pädagogischen Methoden haben wir uns für die teiloffene Arbeit entschieden, und diese ab der Vorschule mit den Instrumenten des selbstorganisierten Lernens verbunden.

Altershomogen und altersgemischt

Altershomogene und altersgemischte Gruppenkonstellationen an einem Tag sind in unseren Augen ein Entwicklungsvorteil. Im Gegensatz zu den reinen Ansätzen, in denen die Kinder oder Schüler entweder nur Gleichaltrigen begegnen oder ihr tägliches Leben mit allen Altersgruppen der Einrichtung teilen müssen, ist es gut, von der sicheren Basis der gleichaltrigen Gruppe aus, andere Alters- und Entwicklungsstufen zu erleben. Wer davon genug hat, auf jüngere Kinder Rücksicht zu nehmen oder von älteren Kindern als störend aus dem Raum geworfen zu werden, kann sich im eigenen Altersbereich erholen. Wer allerdings nur mit Gleichaltrigen seinen Tag verbringt, verpasst die Chance, zu erkennen und darüber zu reflektieren, wie es war, selbst kleiner und jünger zu sein, und wie es sein wird, älter und größer zu sein.

DIE KRIPPE – ALTERSHOMOGENE GRUPPEN IN JÄHRLICH WECHSELNDEN GRUPPENRÄUMEN

Die aktuelle Forschung über den Anfang eines Menschenlebens hat interessante Dinge zutage gefördert. Die Entwicklung der ersten drei Lebensjahre verläuft rasant. Das kleine Kind entwickelt seine körperlichen Fähigkeiten und sein Körperbau verändert sich kontinuierlich. Es lernt in einer beeindruckenden Geschwindigkeit, entwickelt ein Verständnis über die wichtigen Funktionen der Welt, lernt zu sprechen und sich mit anderen Menschen auseinanderzusetzen. Diese Entwicklung lässt keine Vermischung der Altersgruppen zu, will man den jeweiligen Bedürfnissen der Kinder gerecht werden.

In den Krippen gibt es drei Arten von Gruppen: bis 1-jährige Kinder, 1- bis 2-jährige Kinder, 2- bis 3-jährige Kinder. Je nach Größe der Krippe gibt es diese Gruppen ein- oder zweimal. Da die Kinder, die unter einem Jahr alt sind, sehr häufig zu Hause betreut werden, gibt es in den meisten Krippen fünf Gruppen. Eine Gruppe für die 0 bis 1-jährigen Kinder, zwei Gruppen für die 1- bis 2-jährigen Kinder und zwei Gruppen für die 2- bis 3-jährigen Kinder.

Für jede Gruppe braucht es zwei Räume: einen Schlafraum, der in den Zeiten, in denen die Kinder nicht schlafen, für Bewegungsangebote oder das Spiel mit dem heuristischen Material[16] genutzt wird. Außerdem einen Gruppenraum, der sich an den altersgemäßen Lern- und Experimentierbedürfnissen der Kinder orientiert.[17]

Die Gruppengröße variiert, je nach den gesetzlichen Vorgaben in den einzelnen Ländern, und auch die Anzahl der eingesetzten Pädagogen ist von der jeweiligen Gesetzes- und Finanzierungslage abhängig.

16 Vgl. Bostelmann, Antje & Fink, Michael: Seht mal, was ich kann! Das heuristische Lernen von Kleinkindern. Bananenblau, Berlin 2015 (2. Auflage).

17 Vgl. Bostelmann, Antje & Fink, Michael: Elementare Spielhandlungen von Kindern unter 3. Erkennen, Begleiten, Fördern. Bananenblau, Berlin 2015 (2. Auflage).

Mehr ist nicht immer besser

Wir sind nicht davon überzeugt, dass mehr pädagogisches Personal eine Garantie für eine höhere pädagogische Qualität ist. Es müssen genug Pädagogen sein, um die Bedürfnisse der Kinder wahrzunehmen und zu erfüllen. Es gibt in der Krippe sicher mehr zu tun als im Kindergarten, denn die Kinder müssen gewickelt werden und brauchen die eine oder andere Hilfestellung beim Essen, Händewaschen, An- und Auskleiden. Dafür ist es gut, wenn helfende Hände da sind. Aber eine Überfüllung der Kindergruppen mit Erwachsenen, von denen die meisten noch ohne Ausbildung sind und mit den Kindern nur das tun, was sie aus der eigenen biografischen Erfahrung mitbringen, ist mehr als kritikwürdig.

Die Krippenräume sind für das jeweilige Alter eingerichtet und bieten so den Kindern optimale Möglichkeiten, die dem Alter angemessenen Handlungen auszuführen. Es gibt die Materialien, die für die in der Altersgruppe typischen Entdeckungen notwendig sind. Die Gruppen wechseln den Raum, wenn die Kinder ein Jahr älter werden und damit eine weitere Entwicklungsstufe erreicht haben.

Das pädagogische Materiallager

Die Funktion, also der Sinn des Raumes bildet sich in den Materialien ab, die in dem Raum vorhanden sind. Die Materialien, die in den Räumen präsentiert und so faszinierend und anregend wie möglich angeboten werden, werden von den Pädagogen gezielt ausgewählt. Die Pädagogen haben aus den täglichen Beobachtungen Schlüsse über die Entwicklung, die Interessen und den Unterstützungsbedarf der Kinder gezogen und wählen darauf basierend die Materialien gezielt aus.
In jeder pädagogischen Einrichtung muss es ein Materiallager geben, in welchem die Materialien nach Fachbereichen sortiert, und für die jeweilige Angebotsform fertig präpariert und aufbewahrt werden. Es lohnt sich, ein großzügiges Materiallager einzuplanen, in dem Platz für viele Regale ist.
Nur so ist es im Alltag möglich, auf unnötiges Material im Raum der Kinder zu verzichten und gleichzeitig die Sicherheit als Fachkraft zu haben, dass die Materialien bereitstehen, wenn sie gebraucht werden.

So soll es aussehen:

So soll es NICHT aussehen:

DER KINDERGARTEN – TEILOFFENE SOZIALE GEMEINSCHAFT MIT ANGEBOTSSTRUKTUR

Im Kindergarten werden die Kinder vom 3. Lebensjahr an bis zur Einschulung betreut. Auch hier gibt es altershomogene Gruppen, die sich an einem Tagesplan orientieren, der offene und geschlossene Phasen für die soziale Gemeinschaft vorsieht.

Die meist fünf Gruppen eines Kindergartens, sind nach dem Alter und dem Entwicklungsstand der Kinder eingeteilt, wie wir es im vorherigen Kapitel bereits beschrieben haben.

Jede Gruppe „bewohnt" einen Heimatraum. Dieser Heimatraum ist häufig auch ein Funktionsraum, und so ist z. B. die Gruppe der „kleinen Bären" im Rollenspielraum untergebracht. Für die Gruppe wurde in diesem Raum eine Morgenkreistafel eingerichtet und der Morgenkreiskasten bereitgestellt.[18] Vor dem Raum stehen die Eigentumsfächer der Kinder und es sollte auch möglich sein, eine den Kindern dieser Gruppe vorbehaltene Ausstellungsfläche anzubieten.

Ansonsten ist der Rollenspielraum so ausgestattet, dass alle Altersgruppen hier vielfältige Möglichkeiten und Spielanregungen finden.

Die Gruppe der „kleinen Bären" beginnt ihren Tag mit einem gemeinsamen Frühstück mit allen Kindern und der Bezugspädagogin. Danach gehen sie gemeinsam in den Morgenkreis. Nach dem Morgenkreis verabschiedet sich die Bezugserzieherin und schickt die Kinder in einen Fachraum, z. B. das Atelier. Hier nehmen die Kinder an einem Kunstangebot teil. Ist das Angebot beendet, hat die gesamte Kindergruppe die Möglichkeit, selbstständig zu spielen.

18 Vgl. Odemarck, Maria & Schaper, Silke: Die soziale Gemeinschaft in Krippe und Kindergarten stärken. 22 direkt umsetzbare Praxisideen zur Gestaltung von Morgenkreisen. Bananenblau, Berlin 2020.

Übergänge fließend gestalten

In jedem Klax Kindergarten findet von 9.00 Uhr bis 9.30 Uhr der Morgenkreis statt. Zwischen 9.30 und 9.40 Uhr wechseln die Gruppen in die Angebotsräume und werden dort von den Fachpädagogen[19] erwartet. Spätestens ab 9.40 Uhr laufen die Angebote. Diese gehen ab 10.15 Uhr in die Öffnungsphase über, in der die Türen zu allen Funktionsräumen offen sind. Auch wenn hier und dort noch eine Tätigkeit beendet, etwas ins Regal zurückgeräumt oder ausgestellt wird, können die Kinder, die fertig sind, in andere Räume wechseln und dort ihre selbstgewählten Tätigkeiten beginnen.

Für die Übergangszeit gelten besondere Regeln:

Jedes Kind darf den Raum verlassen, wenn es fertig ist und aufgeräumt hat.

Wechselt man in einen anderen Raum, soll man warten, wenn die Gruppe noch nicht fertig ist. Vielleicht kann man auch beim Aufräumen helfen oder sich schon leise Material nehmen.

Wer möchte, darf im Raum bleiben und seine im Angebot begonnene Tätigkeit fortsetzen.[20]

Auf diese Weise vermischen sich ab 10.15 Uhr die Gruppen. In Kindergärten, in denen die Freifläche gut zu erreichen ist, können die Kinder wählen, ob sie in den Räumen oder draußen spielen. Nach dem Mittagessen gehen die Kinder, die eine Ruhezeit brauchen, in den Schlafraum, die anderen Kinder setzen ihre Spiele drinnen oder draußen fort.

19 Für jeden Bildungsbereich erhalten die Pädagogen bei Klax eine spezifische Weiterbildung. Sie spezialisieren sich zum Klax Fachpädagogen in den Bereichen Universum, Atelier, Gesellschaft, Mathematik, Bewegung, Musik oder Krippenpädagogik.

20 Vgl. Bostelmann, Antje & Engelbrecht, Christian: So gelingt der Tagesablauf in der Krippe. Tipps und Tricks für den Krippenalltag. Bananenblau, Berlin 2016.

Nach der Vespermahlzeit, die wieder in der Gruppe gemeinsam mit der Bezugserzieherin stattfindet, gibt es ein Bildungsangebot in einem Fachraum. Dies ist auf dem Plan der Angebote zu sehen. Die Kinder, die Interesse an diesem Angebot haben, können daran teilnehmen, die anderen setzen ihre Spiele fort.

An manchen Tagen entscheiden die Pädagogen, dass alle Kinder an der frischen Luft spielen oder einen Ausflug machen. Es soll aber gewährleistet sein, dass jedes Kind mindestens an drei Tagen in der Woche an dem Ort spielen kann, den es frei wählt.

Die Vorschule – selbstständiges Lernen in Projekten

Die Gruppe der Vorschulkinder hat einen anderen Plan. Die Kinder üben das selbstorganisierte Lernen. Sie planen ihre Woche selbst in einem Logbuch und wählen, an welchem Bildungsangebot sie teilnehmen, um ihre Lernziele zu erreichen.
Die Vorschulgruppe hat eine Projektecke eingerichtet, die sie je nach Thema umgestalten kann. In der Projektecke wird das Projektthema gespielt und so nachempfunden, was in Gesprächen abgehandelt und auf Abbildungen angesehen wurde.
Es gibt einen Projekttisch, auf dem ausgestellt ist, was bereits entdeckt und gelernt wurde.
Der Tagesablauf der Vorschulgruppe kann sehr variieren. Deshalb ist es gut, wenn die Vorschulgruppe einen eigenen Bereich im Gebäude hat.

DIE SCHULE – INDIVIDUELLE LERNANGEBOTE IN LERNFAMILIEN ERLEBEN

Der Schulalltag beginnt mit der Ankunftszeit. Diese wird von der Bezugspädagogin (auch Klassenlehrerin) begleitet. In dieser Zeit, die nicht länger als eine halbe Stunde dauert, sortieren die Schülerinnen und Schüler ihre Sachen, legen im Logbuch fest, an welcher Instruktion sie teilnehmen wollen und welche Lehrperson sie unbedingt noch einmal sprechen müssen. Sie prüfen ihre Schrittpläne, auf denen sie Schritte festgelegt haben, die ihnen helfen sollen, ihr Lernziel zu erreichen. Die Bezugspädagogin sieht sich die Planung der Schüler an und berät sie bei der Gestaltung des effektivsten Lernweges.

Nach dem Morgentutorium (oder Morgenkreis) teilen sich die Schülerinnen und Schüler auf die gewählten Instruktionen auf. Die Instruktionen dauern maximal 15 Minuten. Danach werden in Lerngruppen oder in selbstständiger Arbeit Aufgaben erledigt, Lernstoff erarbeitet oder an weiteren Instruktionen teilgenommen. Dies wiederholt sich mehrfach am Tag, wird aber von Pausen und Mahlzeiten unterbrochen.

Die Schulgemeinschaft ist in Lernfamilien mit maximal 100 Mitgliedern unterteilt. Jede Lernfamilie verfügt über ein eigenes Lernatelier, in dem jeder Schüler oder jede Schülerin ihren eigenen Platz hat. Dieser Platz ist ein kleiner Schreibtisch mit Stauraum für persönliche Dinge und Lernmaterialien.

Um das Lernatelier herum gibt es Räume für Tutorien und Instruktionen. Zusätzlich verfügt die Schule über Fachräume, eine Aula und eine Cafeteria. Alle diese Räumen können für das selbstständige Lernen gewählt werden, wenn sie gerade nicht mit einer Veranstaltung oder Lerngruppen belegt sind. Auch hier gelten die Regeln, dass jeder Ort so zu verlassen ist, wie er vorgefunden wurde, und dass respektvolles Verhalten dafür sorgt, dass niemand gestört wird.

Die Lerntheken, die digital oder analog von den Lehrpersonen bereitgestellt werden, sind innerhalb des Bereiches einer Lernfamilie zu finden und bieten dort jede Form von Lernmaterial an. Bücher, Leseempfehlungen, Abbildungen, Strukturvorschläge, Filme, Informationen über Phänomene oder wichtige Persönlichkeiten finden sich dort genauso wie Übungen und Lernaufgaben, die den Schülern individuell empfohlen werden, da sie ihren Lernständen oder Förderbedarfen entsprechen.

DIE DOPPELROLLE DES KLAX PÄDAGOGEN

Die meisten Pädagogen sind Bezugspädagogen und Fachpädagogen zugleich. Sie müssen also schon vor dem Morgenkreis oder Tutorium ihre Bildungsangebote vorbereitet haben, um nach einem kurzen Übergang in die Rolle des Fachpädagogen zu wechseln. Fachpädagogen bereiten Lernangebote vor, gestalten Lerntheken, regen Projektfragen an und bereiten Spielarrangements vor, die das freie Spiel der Kinder indirekt lenken. Dies immer bezogen auf ihre fachliche Spezialisierung. Wobei wir es anregen, dass auch im Bildungsbereich übergreifend zusammengearbeitet wird.

In der Kombination aus Fachpädagoge und Bezugspädagoge finden sich einige Vorteile. Die Gestaltung der Bezugsräume mit Lernergebnissen der Kinder, braucht die Hand eines Bezugspädagogen, der seine Kinder oder Schüler sehr genau kennt, und die eines Fachpädagogen.

Die Einbindung von Lernaufgaben, in Form von Lerntabletts oder Lerntheken in die Spielzeit oder freie Lernzeit der Kinder, braucht ebenfalls beides: die fachliche Kompetenz und das Wissen eines Bezugspädagogen.

FORMATE FÜR DEN AUSTAUSCH UNTER DEN PÄDAGOGEN

Es ist in offenen und teiloffenen Arbeitsweisen sehr wichtig, dass sich die Pädagogen einer Lernfamilie regelmäßig miteinander austauschen.

Dafür eignet sich eine wöchentliche Teamsitzung, in der besprochen wird, wie die folgende Woche inhaltlich gestaltet wird, welche Materialien genutzt und welche Aktionen (z.B. Ausflüge) geplant werden. Diese Teamsitzung wird auch genutzt, um die Monatsplanung, die im Lotusplan festgehalten wird, zu überprüfen bzw. fortzuschreiben.

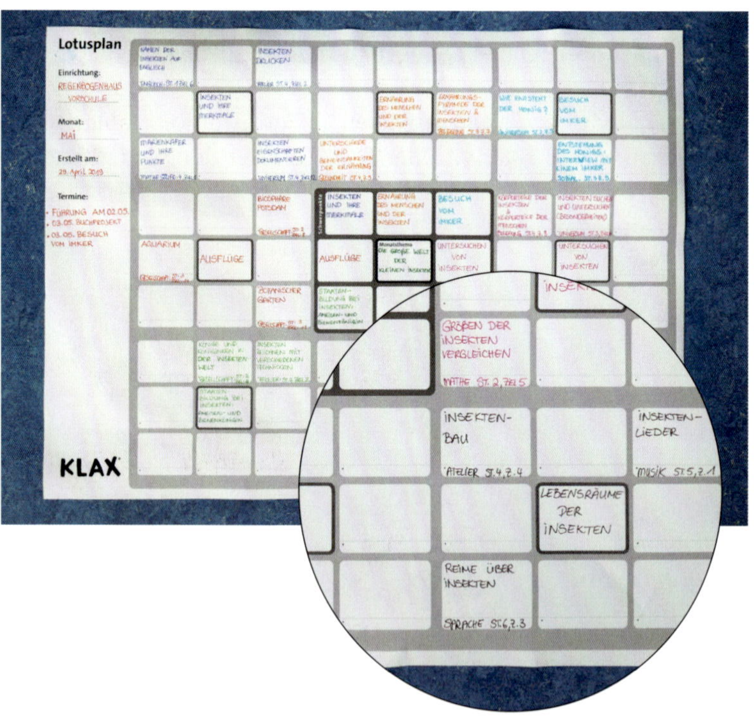

Jeden Freitag nach der Vesper sollte sich das Team zu einer kurzen Reflexion versammeln. In dieser Zeit können die Kinder von Aushilfskräften betreut werden. In dieser Reflexionsrunde sollte es darum gehen, wie es den Kindern geht, ob jedes Kind ausreichend gesehen, eingebunden und beteiligt wurde. Mit Sicherheit gibt es immer etwas, was für die Kinder verbessert werden kann. Außerdem entwickelt sich über diese wöchentlichen kurzen Runden ein Bewusstsein dafür, wie notwendig es ist, die eigene Arbeit regelmäßig zu reflektieren.

Jeder Teil der sozialen Gemeinschaft (z.B. Bezugsgruppe oder Klasse) braucht einen Ort, wo er sichtbar wird. Dieser Grundsatz sollte immer wieder thematisiert und in seiner Umsetzung überprüft werden. Selbstverständlich gibt es Plätze für die Kinder, die Eltern, das Personal, die Leitung in jeder pädagogischen Einrichtung. Werden diese Plätze aber auch eingenommen? Kann man erkennen, wer hier seinen Raum, Bereich oder seine Ecke hat? Wird aus diesem Bereich heraus mit der Gemeinschaft kommuniziert? Über diese Fragen muss sich jede Einrichtung regelmäßig Gedanken machen.

Über die Orte, an denen die Kinder sich aufhalten, haben wir bereits geschrieben. Wir wenden uns jetzt den Räumen für die Eltern und Pädagogen zu.

Wie schon für die Kinder ausgeführt, geht die Raumgestaltung immer vom zu erreichenden Ziel aus. Welches Ziel verfolgen also die Pädagogen? Was brauchen sie dafür und an welcher Stelle in der pädagogischen Einrichtung sollten entsprechende Räume eingeplant werden?

PLATZ FÜR DIE PÄDAGOGEN

Der Platz für die Pädagogen ist die meiste Zeit des Tages zwischen den Kindern und in den Bezugs- und Funktionsräumen. Sie haben allerdings keine Möglichkeit, persönliche Dinge und Arbeitsmaterialien in diesen Räumen zu lagern. Deshalb sind Pädagogen in pädagogischen Einrichtungen meist mit einer Tasche oder einem Kasten unterwegs.

Der Raum für die Pädagogen, in der Schule das Lehrerzimmer, kann an einem abgelegenen Ort sein, wenn es allen Pädagogen dennoch gelingt, aktiver Teil des Alltags in der Einrichtung zu bleiben. Ist diese Bedingung erfüllt, wird der Personalraum an einer ruhigen Stelle in der Einrichtung möglich.

Dieser Personalraum soll drei Funktionen erfüllen. Er soll dem Ausruhen und Entspannen dienen, soll sich zum Treffen eignen und die Kreativität anregen. Personalräume in Klax Einrichtungen brauchen also drei Zonen:

Die Erholungszone

Hier gibt es ein großes Sofa, auf dem man in größeren Gruppen sitzen, aber auch einzeln liegen kann. Es gibt einen Getränkepoint mit Trinkwasser, Tee- und Kaffeeautomaten. In der Erholungszone werden die Wände mit den Urkunden und Auszeichnungen der Einrichtung gestaltet.

Die Meetingzone

In der Meetingzone gibt es einen großen Tisch, Konferenztechnik und Platz an den Wänden für das Erarbeiten von Projekten. Dabei ist darauf zu achten, dass der Meetingtisch so groß ist, dass es für jeden Mitarbeiter einen Platz gibt.

Die Kreativzone

In der Kreativzone stehen Werkbänke, Regale mit Werkzeugen und viele Kästen voller Material. Es gibt ein Wasserbecken zum Auswaschen von Pinseln. An den Wänden ist Platz zum Aushängen von Projekten und Bauplänen.

Im gesamten Bereich ist WLAN wichtig, denn alle Pädagogen machen hier ihre Planungs- und Dokumentationsarbeit am Laptop oder Tablet.

Das Leitungsbüro

Im Leitungsbüro finden vorwiegend kleine Gesprächsrunden statt. Es ist für den Besuch von Behörden und Eltern ausgestattet. Die Leitung erledigt hier ihre Arbeit. Das Büro sollte zentral gelegen sein und braucht nicht viel Platz.

Die Kinder kennen das Büro und statten der Leitung gerne einen Besuch ab. Dafür wurde im Leitungsbüro eine Kinderbüroecke eingerichtet, an der die Kinder gerne mitarbeiten.

PLATZ FÜR DIE ELTERN – CO-WORKING

In der modernen Arbeitswelt löst sich die Kultur der Büroarbeit immer mehr auf. Viele Eltern müssen nicht mehr täglich ins Büro gehen und können von den verschiedensten Orten aus arbeiten. Es ist durchaus sinnvoll, auch die pädagogischen Einrichtungen zum Arbeitsort von Eltern zu machen. Dazu braucht es einen von dem pädagogischen Betrieb abgetrennten Bereich, in dem Eltern alles vorfinden, was zum Arbeiten notwendig ist: WLAN, Arbeitstische und Getränke.

Die Einrichtung kann diesen Bereich für die Information der Eltern nutzen, indem hier alle wichtigen Aushänge platziert und Material ausgelegt oder Informationen über einen Bildschirm gespielt werden.

Eltern können ihren Laptop auspacken und am Rande des Kita-Alltags ihrer Arbeit nachgehen, während sie auf ein Kind warten, zwischen Arztbesuch und Abholung des Kindes nicht nach Hause gehen wollen oder anderweitig Zeit überbrücken müssen.

Arbeitsplätze für Eltern in pädagogischen Einrichtungen können ein Merkmal der zunehmenden Öffnung pädagogischer Institutionen in die Gesellschaft hinein sein, bzw. werden.

5 Ein zweites Zuhause – der Heimatraum

SICHERHEIT, GEBORGENHEIT UND ZUGEHÖRIGKEIT

In der Klax-Pädagogik geht es darum, dem Einzelnen seinem zu ihm passenden Platz zu geben und ihm gleichzeitig die Möglichkeit zu bieten, sich in die Gemeinschaft eines Kindergartens oder der Schule zu integrieren. Dies ist und bleibt eine Herausforderun, der Pädagogen und Träger sich stellen müssen. In der Planung und Gestaltung von Räumen muss es daher auch darum gehen, jedem Kind, jedem Heranwachsenden und auch jedem Pädagogen einen Platz einzuräumen, der es ihm ermöglicht, seine Persönlichkeit zu entwickeln, sich an der Gemeinschaft zu reiben und sich gleichzeitig in die Gemeinschaft zu integrieren. Die Formulierung „einen Platz einräumen“ oder „einen Platz geben“ ist in einem weit gefassten Sinne gemeint. Es geht um Platz für persönliche Eigenschaften, Entwicklungssprünge und Irritationen, aber auch um Platz in den Räumen.

Der Heimatraum trägt diesem Gedanken Rechnung. Ein Heimatraum gibt einer Gruppe von Kindern und Jugendlichen die Möglichkeit, sich räumlich einzurichten. Er bildet einen kleineren, überschaubaren Rahmen innerhalb der Komplexität eines Kindergartens oder einer Schule, der es den Kindern und Jugendlichen ermöglicht, persönliche Merkmale innerhalb der Kindergruppe oder der Klasse zu zeigen. Ein Heimatraum ist eine Art Schutzraum und gleichzeitig ein Inkubator für die Entwicklung persönlicher Merkmale des Einzelnen, die in der Gesamtheit wiederum in Merkmalen der Gruppe aufgehen.

Der Heimatraum ist ein Sicherheit gebender Zufluchtsort. In ihm werden die persönliche Identifikation und auch die Ziele der Kinder, mit den Zielen der pädagogischen Einrichtung und den Zielen der Gruppe sichtbar gemacht. Ein Heimatraum sorgt für eine materiell-räumliche Ausdrucksform, um Zugehörigkeit zu finden und zu demonstrieren.

WER BIN ICH IM KINDERGARTEN ODER IN DER SCHULE?

Die Entwicklung einer persönlichen Rolle in der sozialen Gemeinschaft ist ein wichtiger Schrift für Heranwachsende. Dieser Schritt drückt Entwicklung aus, zeigt aber auch die Identifikation des Einzelnen mit seiner Gruppe, außerdem die Identifikation mit der großen Gemeinschaft von Kindergarten oder Schule. Wir beobachten hier unterschiedliche Rollen: „Ich bin in Mathe am besten", „Ich bin Klassensprecher", „Ich habe vier Freunde", „Wir haben eine Gang gebildet" und vieles andere mehr. Diese Selbstbeschreibungen bilden Vergleiche mit anderen Personen ab, und sind Anzeichen für eine Abgrenzung der eigenen Person, entweder als Person allein oder in einer Gruppe. Es ist so wichtig, dass Heranwachsende diese Prozesse üben und erleben können. Sie sollen dabei von Pädagogen begleitet werden, die in der Lage sind, ihnen behutsam reflektierend und lenkend zur Seite zu stehen. Der zur Verantwortung fähige Mitbürger braucht diese Übungen, um einen für ihn persönlich erfolgreichen und zufriedenstellenden Platz in einer sozialen Gruppe bewusst wählen und ausfüllen zu können.

In pädagogischen Einrichtungen ist die Möglichkeit zu diesen Formen der Personalisierung allerdings begrenzt. Es ist aus vielerlei Gründen (Hygiene, Gesundheitsschutz, Versicherung, etc.) nicht möglich, zum Beispiel eine persönliche Tasse oder einen persönlichen Stuhl in der Cafeteria zu haben. Eigenes Spielmaterial kann nicht mitgebracht werden, Plätze zum persönlichen Ausgestalten sind häufig nicht vorhanden. So bleibt dem Einzelnen nur die kleine Möglichkeit, sich über die eigene Kleidung zu zeigen. Diese Reduktion der persönlichen Präsentation ist auf der einen Seite als Einschränkung zu verstehen, auf der anderen Seite dient sie jedoch dem Fokus auf das eigene Denken und Lernen. Sie hilft bei der Entwicklung, durch soziales Interagieren, die individuelle Persönlichkeit herauszuarbeiten.

Der institutionelle Charakter von Kindergärten und Schulen verhindert oder erschwert die Möglichkeit des Einzelnen, sich (in) der Gemeinschaft zu präsentieren. Dieser Fakt braucht Beachtung und Reflexion und muss auch in der Raumgestaltung berücksichtigt werden. Hilfreich sind hier Regelungen, die es ermöglichen, in Fach- und Funktionsräumen eigene Werke aufbewahren zu können, um sie später weiterzuentwickeln oder anderen präsentieren zu können. Hilfreich ist es auch, dem Einzelnen zu ermöglichen, ein Portfolio zu führen, in welchem jeder für sich seine Lernschritte und die damit verbundenen Erfolge dokumentiert. So werden die eigenen Lernerfolge sichtbar. Das Portfolio ist eine Grundlage der Selbstreflexion und gleichzeitig die Möglichkeit, die eigene Lern- und Persönlichkeitsentwicklung anderen bewusst zu präsentieren.[21]

---

21 Vgl. Bostelmann, Antje: Das Portfolio-Konzept für die Krippe. Verlag an der Ruhr, Mühlheim a.d. Ruhr 2008.
Vgl. Bostelmann, Antje: Das Portfolio-Konzept für Kita und Kindergarten. Verlag an der Ruhr, Mühlheim a.d. Ruhr 2007.

INDIVIDUALISIERUNG IM UNPERSÖNLICHEN

Kindergärten und Schulen sind auf das Betreuen und Ordnen von Gruppen ausgerichtet und entsprechend eingerichtet. Es gibt wenig oder eigentlich gar keinen Platz für persönliche Dinge.

Besonders in Schulen wird von den Schülerinnen und Schülern fast täglich auf dieses Versäumnis aufmerksam gemacht: In Tischplatten geritzte Namen, beschmierte Wände in den Räumen und auf dem Schulhof, geben dem unbewussten Drang nach Personalisierung und Individualisierung ein Gesicht. Einem solchen, von den Erwachsenen als Zerstörung wahrgenommenen Prozess, muss durch das zielgerichtete Ermöglichen des persönlichen Ausdrucks entgegengewirkt werden.

Von den Akteuren der sozialen Gemeinschaft wird erwartet, dass sie sich selbst reflektieren. Damit dies überhaupt möglich ist, brauchen Kinder, Schüler und Pädagogen jeder für sich einen Ort, an dem sie mit sich alleine sein können, der sie persönlich schützt und sie nur in bewusst gewählten Situationen und zu ausgewählten Teilen offenbart.

Im Heimatraum braucht es also für jeden die Möglichkeit, seine Persönlichkeit in dem Maße zu zeigen und auszudrücken, wie es dem eigenen Wohlbefinden entspricht und keinen anderen einschränkt.

Wie dieser Anspruch in Klax Einrichtungen umgesetzt wird, erklären wir im Folgenden anhand der einzelnen pädagogischen Einrichtungen, die ein Kind im Verlauf seiner Entwicklung besucht:

DER HEIMATRAUM IN DER KRIPPE

In der Krippe gibt es für jede Altersstufe speziell eingerichtete Räume. Die Kinder halten sich vorwiegend in ihren zwei Räumen auf und verlassen diese nur, um zum Essen in die Cafeteria zu gehen – dies auch erst ab dem ersten Geburtstag –, das Bad aufzusuchen, im Krippenatelier erste Spuren zu hinterlassen oder der Leitung im Büro einen Besuch abzustatten.

Der Gruppenraum ist der Heimatraum und wird nur von der Gruppe benutzt, die in diesem Raum zu Hause ist. Die Kinder haben einige wenige persönliche Gegenstände ständig in der Krippe dabei und bewahren diese an einem festen Ort im Raum auf. Meist richten die Pädagogen für jedes Kind einen kleinen Eimer oder eine Schachtel ein, die in Reichweite der Kinder stehen und in denen das persönliche Kuscheltier und das nach Mama riechende Kuscheltuch aufbewahrt werden. In der Garderobe und in den Bädern gibt es Platz für die Wechselwäsche. Auch dieser Platz ist den Kindern bekannt und sie können mit zunehmendem Alter und zunehmender Selbstständigkeit auch diese Orte aufsuchen und die persönlichen Dinge entnehmen.

Gut gemeinte Pseudoindividualisierungen lassen sich in vielen pädagogischen Einrichtungen an verschiedenen Orten finden. Der häufig in riesigem Format an den Wänden hängende Geburtstagskalender ist so ein Beispiel. Die Abbildung einer Eisenbahn, eines Blumenstraußes oder einer Torte füllt eine ganze Wand. In die Blüten, Kerzen oder Wagonfenster sind Fotos von den Kindern geklebt. Das Ganze ist dann noch mit dem Namen und dem Geburtstagsdatum der Kinder versehen. Abgesehen davon, dass dies aus Gründen des Datenschutzes fragwürdig ist, hat so ein Geburtstagskalender mit den Kindern wenig zu tun. Sie können diesen häufig gar nicht sehen, da diese Bastelarbeit der Erzieherinnen auch auf deren Augenhöhe angebracht ist. Hier verwirklichen sich eher die jeweiligen Erzieher, als dass dies Ausdruck der individuellen Identifikation der Kinder ist.

Dort, wo es möglich ist, sollten die Erzieherinnen mit Porträtfotos der Kinder arbeiten und auf die Personalisierung von Garderobenschränken oder Handtuchleisten über Symbolbildern verzichten.

Im Morgenkreis wird bewusst auf den Einzelnen eingegangen. Im Morgenkreiskasten gibt es kleine, mit Magneten versehene Fotos aller Kinder der Gruppe, die jeden Morgen an die Tafel gehängt werden, um festzustellen, wer da ist.

DER HEIMATRAUM IM KINDERGARTEN

Im Kindergarten sind Heimaträume häufig auch Fachräume. So hat die Gruppe, die diesen Raum „bewohnt", meist nur eine Ecke für sich, in der sie den Morgenkreis abhalten und persönliche Dinge – in sehr begrenztem Maß – aushängen oder ausstellen kann.

Whiteboardwand

Wir sind dazu übergegangen, in allen Kindergartenräumen eine Wand mit magnetischer Whiteboardfolie zu bekleben und einen Nahdistanzbeamer anzubringen. Diese Wand wird für den Morgenkreis, für Projekte und andere Zwecke der Gruppe benutzt. Sie kann bemalt werden, Bilder können mit Magneten angebracht werden und über den Beamer können Filme und Fotos an die Wand projiziert werden.

Die Whiteboardwand kann auch in den einzelnen Funktionsräumen genutzt werden: Im Rollenspielraum kann eine Filmschleife laufen, die zeigt, wie die Müllabfuhr die Tonnen ausleert oder wie im Supermarkt eingekauft wird. Im Bauraum kann ein großes Bauwerk gezeigt werden.

An der Whiteboardwand ist viel Platz für die Morgenkreisutensilien. Hier hängt die Gruppe die Fotos der anwesenden Kinder auf, dokumentiert das Wetter und zeigt Bilder, die deutlich machen, worüber in dieser Gruppe gerade nachgedacht wird. Meist steht vor dieser Wand ein kleines Regal, auf dem Gegenstände präsentiert werden, die das Thema der Gruppe verdeutlichen.

Die Gruppe pflegt den Inhalt des gesamten Raumes. Sie sorgt dafür, dass zum Beispiel im Bauraum alle Bausteine vollzählig in das Bauregal eingeordnet werden, alle Fahrzeuge funktionsfähig sind und die Legoecke aufgeräumt ist. Die Gruppe pflegt die Pflanzen in ihrem Heimatraum und erlässt Regeln für die Einhaltung von Ordnung und Sauberkeit. In der Gruppe werden Dienste oder Ämter vergeben, die an der Whiteboardwand angeschlagen und mit den Namen der (aktuell in der Woche) verantwortlichen Kinder versehen sind.

Zwischen allen Gruppen im Kindergarten gilt die Vereinbarung, dass an den persönlichen Ecken, in den tagsüber offen und frei zu benutzenden Räumen, nichts verändert wird. Sollte doch einmal etwas passieren, ist der davon betroffenen Gruppe Bescheid zu sagen.

DER HEIMATBEREICH – DIE LERNFAMILIE IN DER GRUNDSCHULE

In der Grundschule hat der Klassenraum eine besondere Bedeutung. Traditionell unterrichten Grundschullehrer fast alle Fächer, sodass es in Grundschulen neben der Turnhalle und Cafeteria nur Klassenräume, ein Atelier, einen Musikraum, den Hortbereich und das Lehrerzimmer gibt.

In der Klax Grundschule gehören die 1. und 2. Klassen zur 1. Lernfamilie der Schule, die 3. und 4. Klassen bilden die 2. Lernfamilie und die 5. und 6. Klassen bilden die 3. Lernfamilie.

Jede Lernfamilie hat ihren eigenen Bereich im Schulgebäude, in dem sich auch die Klassen- oder Heimaträume befinden. Die Instruktionen finden, wie auch der Morgen- und Abschlusskreis, in den Heimaträumen statt. Zu den Lernzeiten sind die Türen offen und die Kinder lernen auf den Fluren oder in den Räumen. Jeder dort, wo es für sie oder ihn richtig ist.

Die Heimaträume sind wie in den Kindergärten bei Klax mit der Whiteboardwand versehen und bieten Platz für die Themen des Morgenkreises. Das Lernen der Gruppe wird daran im Raum dokumentiert. Es gibt viele Möglichkeiten, auszustellen, was die Kinder geschaffen haben, und genauso Gegenstände zu zeigen, die die Kinder faszinieren.

Bei der Planung dieser Räume muss darauf geachtet werden, dass diese groß genug angelegt werden, damit jedes Kind seinen eigenen Tisch und Stuhl hat und gleichzeitig viel Raum für den Morgenkreis und gemeinsames Lernen in den Gruppen übrig bleibt. Tische und Stühle sind leicht und können auf die unterschiedlichste Art und Weise umarrangiert werden. Jedes Kind hat ein Eigentumsfach für die persönlichen Dinge im Raum oder direkt davor.

APRIL
SUNDAY
MONDAY
TUESDAY
SPRING
CLOUDY
I AM HERE

DAS LERNATELIER ALS HEIMATBEREICH AB DER 7. KLASSE

Ab der 7. Klasse sieht die Raumanordnung an der Klax Schule im Vergleich zu anderen Schulen recht ungewöhnlich aus. Das Zentrum der Lernfamilie bildet das Lernatelier, welches Platz für ca. 100 Schülerinnen und Schüler bietet. Jeder Schüler verfügt in diesem Lernatelier über einen kleinen Schreibtisch mit eingebautem Schrank, in dem die persönlichen Dinge aufbewahrt werden. Diese Schreibtische sind fest vergeben und somit der persönliche Arbeits- und Lernplatz eines jeden Schülers.

Im Lernatelier herrscht die Atmosphäre eines Lesesaals in einer Bibliothek. Es wird nur geflüstert. Einige Lehrpersonen halten sich im Raum auf und beraten die Schülerinnen und Schüler leise bei der Erledigung ihrer Aufgaben. Um das Lernatelier herum gibt es Räume für Morgenkreise und Instruktionen, dazu kommen dann noch die Fachräume für die Naturwissenschaften und das Atelier. Gegessen wird in der Schulcafeteria.

Die Lernfamilie vereint vier Klassen, zum Beispiel je zwei Klassen der 7. und 8. Jahrgangsstufe. Diese Klassen sind gemeinsam für den gesamten Raumbereich der Lernfamilie zuständig. Die Personalisierung der Schülertische, die über Sicht- und Schallschutzabtrennung zum Nebenplatz verfügen, ist durch die Gestaltung dieser Wände möglich. Hier kann jeder zeigen, was er von sich zeigen möchte. In den Morgen- und Abschlusskreisen (Tutorien) wird darüber reflektiert, was einzelne Schüler über sich zeigen und wie die anderen darauf reagieren.

In den Lernfamilien werden den einzelnen Klassen Verantwortungsbereiche zugeteilt. In diesen Bereichen können die Klassen ihre Lernerfolge präsentieren und Dinge zeigen, die sie besonders faszinieren. Auch hier gilt die Regel, dass diese Bereiche für alle offen und für jeden nutzbar sind, solange die Dinge der einzelnen Gruppen und Schüler respektiert werden.

Aufgaben und Ämter

In der Klax-Pädagogik wird den Kindern von Beginn an die Übernahme von Verantwortung zugetraut. Die Übertragung von Ämtern für die soziale Gemeinschaft spielt hier eine wichtige Rolle. Ob es um das Pflegen der Blumen, den Tischdienst (Tafelmeister), die Aufsicht auf dem Hof (Respektlotsen) oder das Leiten einer Arbeitsgruppe geht – jeder hat die Möglichkeit, sich am Gelingen der Gemeinschaft zu beteiligen.
Bei der Entwicklung von Ämtern ist es wichtig, darauf zu achten, dass diese sich nicht auf die Erledigung von dinglichen Sachen beschränken. Es geht besonders darum, die soziale Gemeinschaft mit zu formen und zu gestalten. So ist das Amt des Tafelmeisters kein einfacher Tischdienst, sondern die Aufgabe, die Mahlzeiten respektvoll und strukturiert zu leiten.
Jeder kann Arbeitsgruppen ins Leben rufen oder ein neues Amt vorschlagen, wenn er den Sinn und Nutzen für die soziale Gemeinschaft erklären kann.

6 Wichtige Raumreserven – in jedem Haus zu finden

Kennen Sie das? Kaum hat man sich in einem Haus oder in einer Wohnung eingelebt, schon reicht der Platz nicht mehr aus. Hier hilft es, sich die Nebenräume, Ecken und bisher ungenutzten Bereiche des Hauses einmal genau anzuschauen.

Häufig finden sich spannende Nutzungsmöglichkeiten, wenn auf einige wenige Dinge geachtet wird:

- Sicherheit und Brandschutz haben immer Vorrang
- Die Ordnung im Haus darf nicht gestört werden
- Pädagogische Funktionen dürfen sich nicht in die Quere kommen
- Jede Funktion im Haus und jedes Angebot muss gut einsehbar sein

DER FLUR ALS PÄDAGOGISCHER RAUM

Es kann eine gute Idee sein, in den Fluren außerhalb der Räume Ecken zu gestalten, die zum Spielen und Lernen anregen. Es kommt dabei darauf an, die Laufwege innerhalb der Einrichtung nicht zu stören und im Vorfeld zu entscheiden, welche Tätigkeiten Ruhe und Konzentration brauchen, wie zum Beispiel das Lösen von Aufgaben auf bereitgestellten Lerntabletts, welche Tätigkeiten besondere räumliche Ausstattungen brauchen, wie zum Beispiel ein Atelier, eine Werkstatt oder ein Bewegungsraum, und welche Tätigkeiten, die mögliche Unruhe im Flur gut vertragen können, wie zum Beispiel das Bauen in einer Legoecke.

Der Flur ist in vielen Einrichtungen eine gute Raumreserve, die es richtig zu nutzen gilt. Der Flurbereich, so er über Ausweitungen verfügt und an engeren Stellen so frei bleibt, dass die Menschen im Haus gut hindurchgehen und im Fall eines Brandes oder einer anderen Katastrophe auch ungehindert flüchten können, kann für Funktionsecken genutzt werden.

So bietet es sich an, die Wände an breiteren Stellen des Flures mit Legoplatten zu bekleben, auf den Boden einen Teppich zu legen und einen Legotisch mit Regalfächern zu versehen, in denen die Kisten mit den Legosteinen aufbewahrt werden können. Aushänge mit Abbildungen von Legobauwerken regen zum Bauen an.

Eine andere Möglichkeit ist die Nutzung eines Flurbereiches für einen goßen Maltisch. Ein Tisch und Stühle oder Hocker werden aufgestellt. Die Tischplatte wird mit einer großen Papierbahn versehen, Stifte in Bechern nach Farben sortiert und dazugestellt.

Manchmal gibt es so große Nischen im Flur, dass diese sich für Projektecken eignen. Es ist ein Glücksfall, wenn eine Einrichtung darüber verfügt. Es wäre wirklich schade, diese Möglichkeit nicht zu nutzen. Die Projektecke kann so eingerichtet werden, dass sie sich wieder und wieder verwandeln lässt. Sie ist eigentlich ein leerer Raumbereich, dessen Wände so vorbereitet sind, dass sie leicht beklebt, farblich verändert oder zugehängt werden können. An der Decke gibt es Möglichkeiten, um Dinge aufzuhängen. Mit Tischen, Stühlen, kleinen Regalen und verschiedensten Utensilien kann die Ecke sich in eine Weltraumstation verwandeln, ein Bereich für Lichtexperimente werden, die Stadt abbilden oder eine Feuerwehrzentrale nachbilden.

DER FLUR ALS KOMMUNIKATIONSZENTRALE

In den meisten Einrichtungen sind die Räume vom Flur aus zu erreichen. Der Kindergarten oder die Schule wird über den Flur betreten. Der Flur ist also die Verbindung nach außen, das interne Leitsystem und zugleich die Informationszentrale.

Die Gestaltung des Flurs gibt Auskunft darüber, wie die gesamte Einrichtung gestaltet ist. In ihm spürt man die Atmosphäre, die Kultur und das Leben des Hauses. Über den Flur sind alle anderen Bereiche des Hauses zu erreichen.

Es ist daher sinnvoll, wichtige Informationen, die die gesamte Gemeinschaft betreffen, im Flur zu platzieren. Das sind zum Beispiel die Hausordnung, die Fluchtpläne und die Brandschutzverordnung, der Wertegrund, wichtige Auszeichnungen und die Bekanntmachung wichtiger Personen, wie z. B. die Mitglieder des Teams und die Elternvertretungen.

Im Flur lassen sich aber auch Arbeitsergebnisse gut präsentieren und Lernergebnisse zeigen. Gerade für die Eltern, die ihren Alltag nicht in der Einrichtung verbringen, ist es wichtig zu erfahren, was ihr Kind den Tag über macht und wie die Resultate ausfallen, die das Kind erreicht hat.

Schafft man dafür im Flur einen größeren Bereich mit Tafeln und Projekttischen und Aushängen an den Wänden, werden die Pädagogen vor allem zur Abholzeit die Eltern in diesem Bereich vorfinden und erleben, wie diese ins Gespräch miteinander kommen. Sie können selbst Teil solcher Gespräche werden und erfahren, was die Eltern bewegt, was ihnen fehlt und was sie begeistert. Verlagert man diese Form der Tagesdokumentation in den digitalen Bereich, verzichtet man auf die persönliche Begegnung und das zufällige persönliche Gespräch. Wir empfehlen, nach vielfältigen Experimenten mit der digitalisierten Kommunikation, mit Eltern zur persönlichen Kommunikation zurückzukehren. Aushänge und Ausstellungen in den Fluren zeigen die Mühe, die sich das Pädagogenteam gemacht hat. Sie erzeugen Begegnungen und persönlichen Austausch – ohne diesen kann es nicht zu einer Erziehungspartnerschaft kommen.

DAS BAD FÜR DIE HYGIENE UND ALS RAUM FÜR NATURWISSENSCHAFTLICHE EXPERIMENTE

In den Nassräumen gibt es Toiletten und Waschbecken. Sie dienen zuerst der Körperpflege. Häufig sind Bäder aber auch die einzigen Räume mit einer Fußbodenentwässerung und Fliesen. In den Krippen sollte unbedingt darauf geachtet werden, eines der Bäder für die sinnlichen Erfahrungen mit Wasser auszustatten. Eine größere, geflieste Fläche, die wie in einer Schwimmhalle für Babys mit Wasser geflutet werden kann und in der die kleinen Kinder planschen, aber auch nach dem ausgiebigen Aufenthalt im Atelier gebadet werden können, ist unabdingbar.

Die Waschbecken sollten unbedingt Waschrinnen sein, in denen sich das Wasser aufstauen lässt. In den Nassbereichen ist viel Platz sehr sinnvoll, denn dieser lässt sich für diverse Wasserspielgeräte nutzen.

Besonders im Kindergarten sind Wasserexperimente sinnvoll und häufig im Raum des Bildungsbereichs Universum (Naturwissenschaften) nicht uneingeschränkt durchführbar. Es ist gut, wenn Toilettenbereiche und Waschbereiche räumlich verbunden sind.

In der Schule sind die Toiletten permanenter Anlass für Krisen und Probleme. Nicht selten tragen Pubertierende ihre Kraftproben in der Toilette aus oder finden sich zu sechst in einer Toilettenkabine wieder. Hier ist es sinnvoll, die Toiletten mit mehr Transparenz zu versehen. In modernen Schulen haben wir Toilettenbereiche gesehen, in die man wie in einen Flurbereich hineingeht. An den Wänden reihen sich links und rechts Türen, die jeweils eine Toilette mit Waschbecken beherbergen und für beide Geschlechter zugelassen sind.

DER LERNRAUM GARDEROBE

Der schrecklichste Raum in einer pädagogischen Einrichtung ist oft die Garderobe. So jedenfalls die Meinung vieler Eltern. Wer will es ihnen verdenken? Es ist eine Qual, schwitzend in unbequemer Haltung in einem engen, mit vielen Kindersachen vollgestopften Raum zu stehen und den Nachwuchs zum An- oder Auskleiden zu bewegen. Zusätzlich sind immer irgendwelche Sachen verschwunden, man kann sich nirgends hinsetzen und das Kind trödelt.

Dabei steckt gerade die Garderobe voller Lernmöglichkeiten. Um diese wirksam werden zu lassen, braucht es Platz, Übersicht und Ordnung. Es ist also unbedingt notwendig, die Garderoben mit ausreichend Raum zu planen. Es sind sinnvolle Garderobenmöbel zu beschaffen, die jedem Kind helfen, Ordnung zu halten und die eigenen Sachen wiederzufinden. In der Mitte des Raumes sollte es ein größeres Podest mit unterschiedlichem Höhenlevel geben, auf dem sowohl die Eltern als auch die Kinder sitzen können. Die Kinder können hinaufklettern und sich von den Eltern beim An- und Ausziehen helfen lassen.

Garderoben sind häufig ohne Fenster geplant. Dies ist nicht nur ein Problem für die Raumluft, sondern auch für die kindliche Wahrnehmung von Zusammenhängen. Wenn es draußen kalt ist, müssen wir uns warm anziehen. Wenn es regnet, holen wir die Gummistiefel heraus. Es ist für einen reibungslosen Ablauf im Kindergarten grundsätzlich eine gute Idee, die Garderobe so im Raumgefüge anzusiedeln, dass sie direkt mit der Freifläche verbunden ist und die Kinder über die Garderobe in den Garten hinaus- und wieder hineingehen können. Eine große, verglaste Tür lässt den Blick auf das Wetter zu.

Es ist nicht einfach, sich richtig an- und auszuziehen. Es gilt, die Kleidungsstücke in der richtigen Reihenfolge anzuziehen, vorauszuplanen, dass unter der Jacke ein Pullover gebraucht wird, da es kalt ist. Schuhe müssen an den richtigen Fuß. Knöpfe, Reißverschlüsse und Schnürsenkel sind eine Herausforderung. Alle diese Dinge brauchen viele Stunden Übung, bis sie richtig beherrscht werden. Diese Übezeit sollten wir den Kindern gewähren. Gelingen wird das nur, wenn Eltern und Pädagogen entspannt warten können und sich wohlfühlen, während sie dem Nachwuchs bei den vielen, manchmal vergeblichen, Versuchen zusehen.

Ob dies gelingt, hängt also maßgeblich von der Raumgestaltung ab.

LICHT IN DUNKLE ECKE BRINGEN

Manchmal findet sich in den Einrichtungen ein nutzloser, oft sehr kleiner und dunkler Raum. Meistens wird dieser mit Kram vollgestellt oder die Putzleute finden einen zweiten Abstellraum für ihren Putzwagen.

Wie wäre es, diesen Raum in einen Lichtraum zu verwandeln? Mit einem Overheadprojektor und einem Lichttisch versehen, kann dieser bisher ungenutzte Raum zu Lichtexperimenten einladen.

7 Das Funktionsraumprinzip

Das Funktionsraumprinzip, auch Fachraumprinzip genannt, ist vielen aus dem Schulkontext geläufig und wird in der Klax-Pädagogik auf den Kindergarten übertragen. Wir sind der Überzeugung, dass Kindergärten und Schulen sich von den mit Tischen und Stühlen zugestellten Räumen trennen müssen, um den Kindern Platz für Entdeckungen, Spiele und Kreativität zu geben. Räume brauchen eine Funktion. In manchen findet man Sitzplätze, in anderen viel freie Fläche zum Bewegen oder Spielen.

Es kann sein, dass es nicht immer die Möglichkeit gibt, für jede Funktion oder jedes Fach einen Raum einrichten zu können. In solchen Fällen muss man auf Ecken und Zonen zurückgreifen. Dabei muss darauf geachtet werden, welche Funktionen sich kombinieren lassen und welche man am besten getrennt hält. Es ist z. B. nicht sinnvoll, das Atelier mit dem Bewegungsraum zu kombinieren oder im Themenraum Universum eine Bauecke einzurichten. Eine sinnvolle Raumnutzung ist nur möglich, wenn sich die einzelnen Funktionen nicht behindern. Das Spiel mit Bausteinen ufert schnell aus und nimmt dabei viel Platz ein. Die Kinder, die im Universum mit Strom experimentieren oder mathematische Aufgaben bearbeiten wollen, können dadurch abgelenkt oder gestört werden.

DAS RAUMPROGRAMM DER KRIPPE

Der Raum der bis 1-jährigen Kinder

- Der Raum ist vorrangig für Aktivitäten auf dem Fußboden ausgestaltet. Auf dem Boden ist ein Teppich ausgelegt. Nur dort, wo gegessen wird und wo die Materialwanne steht, wurde Linoleum verlegt.
- Es gibt einen großzügigen Kuschelbereich mit einer großen Matte, Kissen und Kuscheltieren.
- Der Raum ist mit sehr flachen Regalen (ein Fach hoch, drei Fächer nebeneinander) zoniert, auf die Griffstangen aufgesetzt wurden, an denen die Kinder sich hochziehen oder entlanglaufen können.
- An einer Wand gibt es einen großen Spiegel.
- In einem Bereich des Raumes steht die Materialwanne.
- Schatzkörbe[22] sind im Raum verteilt. In der Mitte das Raumes gibt es ein flaches Kletterpodest. Der Raum hat einen direkten Zugang zum Wasch- und Wickelbereich. Ein großer, runder Teppich wird für den Morgen- und Abschlusskreis genutzt. Im oberen Wandbereich ist das kleine Erzieherregal angebracht, auf dem das Morgenkreiskörbchen bereitsteht und vorbereitete Lerntabletts auf ihren Einsatz warten.

---

22 Vgl. Jackson, Sonia & Forbes, Ruth: Kleinkinder. Spielen und Lernen in den ersten drei Lebensjahren. Bananenblau, Berlin 2016.

Der Raum der 1- bis 2-jährigen Kinder

Die 1- bis 2-Jährigen verfügen über zwei Räume: einen Raum zum Spielen und einen Raum, der zum Schlafen, zum Turnen und zum heuristischen Spiel genutzt wird.

- Der Spielraum ist mit einer Kuschelecke, in der auch die Bilderbücher an der Wand in einem flachen Präsentationsregal angeboten werden, einem Rundpodest, einem großen Spiegel und einer großen Materialwanne ausgestattet. Eine Wand ist mit einer Spielwand verkleidet.
- An einer anderen Wand stehen flache, schmale Tische mit kleinen Stühlen, daneben ein flaches Regal. In diesem Bereich werden den Kindern, Lerntabletts angeboten.
- Ein weiteres Regal, in dem Spielmaterial angeboten wird, hat oben einen Rand, in den Sandwannen eingepasst sind. In diesen flachen Plastikwannen, die mit Sand gefüllt sind, findet mit Stöckchen, Steinen und Tannenzapfen das symbolische Spiel[23] statt.
- Ein großer, runder Teppich wird für den Morgen- und Abschlusskreis genutzt.
- Im oberen Wandbereich ist das kleine Erzieherregal angebracht, auf dem das Morgenkreiskörbchen bereitsteht und vorbereitete Lerntabletts auf ihren Einsatz warten.
- Der zweite Raum ist leer. Eine große Matte liegt auf dem Boden, an der Wand hängt das heuristische Material in großen Beuteln. Zum Turnen gibt es das Piklerdreieck und ein Boot. Schlafmatten und Bettzeug werden in großen Mattenwagen auf dem Flur gelagert.

23 Vgl. Bostelmann, Antje: Das Spiel der Kleinkinder. Frühes Lernen verstehen, begleiten und fördern. Bananenblau, Berlin 2019.

Der Raum der 2- bis 3-jährigen Kinder

Die 2- bis 3-Jährigen verfügen über zwei Räume: einen Raum zum Spielen und einen Raum, der zum Schlafen, Turnen und zum heuristischen Spiel genutzt wird.

- Im Spielraum befindet sich ein großes Baupodest, welches von einem Regal abgegrenzt wird. Zwischen Baupodest und Wand befinden sich große Kisten, in denen neben Bausteinen allerlei Alltagsmaterial zum Bauen bereitsteht. Im Regal stehen Fahrzeuge, Tiere und Kästen mit Baumaterialien.
- Es gibt eine kleine Puppenecke mit Platz zum Wickeln und Füttern der Puppen. Eine Kuschelecke mit Bilderbüchern lädt zum Verweilen ein.
- Der große, runde Teppich wird für Morgen- und Abschlusskreis genutzt.
- Im oberen Wandbereich ist das kleine Erzieherregal angebracht, auf dem das Morgenkreiskörbchen bereitsteht und vorbereitete Lerntabletts auf ihren Einsatz warten.
- Der zweite Raum ist leer. Am Boden befindet sich die große Matte. Schlafmatten und Bettzeug werden im großen Mattenwagen auf dem Flur oder an der Wand im Raum gelagert. An der Wand hängt ein Regal mit Material für Bewegungsspiele und Turnübungen.

Das Krippenatelier

- Das Krippenatelier verfügt über einen Wasseranschluss, der Boden ist mit Linoleum belegt. Eine Wand ist mindestens bis zur Höhe von 1,50 m mit Holz verkleidet. An dieser Wand werden große Blätter befestigt, auf denen die Kinder malen können.
- Es gibt einen Eimer, in dem lange Pinsel auf den Einsatz warten.
- Ein Regal ist vorhanden, in dem Farben und Schwämme, Eimer, Becher und andere Malutensilien übersichtlich bereitstehen.
- Wird das Atelier vorrangig von sehr jungen Kindern genutzt, empfiehlt es sich, die Materialien auf einem im Erwachsenenbereich angebrachten Regal aufzubewahren, und gezielt bereitzustellen.

Die Cafeteria

In der Cafeteria nehmen die Kinder ab dem 1. Lebensjahr ihre Mahlzeiten ein. Sie ist in zwei Bereiche geteilt: einen Bereich für das Geschirr, den Abwasch und das Ausgeben der Mahlzeiten, und einen weiteren Bereich, in dem in Gruppen gegessen wird.

Im Essbereich sitzen die Kinder und Pädagogen an normal hohen Tischen, wie sie von Erwachsenen üblicherweise genutzt werden, auf Tripp-Trapp-Stühlen.

Das Geschirr, die Getränke, die Servietten und das in Schüsseln bereitgestellte Essen werden auf einem Wagen an den Tisch gebracht. So kann die Pädagogin bei den Kindern bleiben und muss nicht aufstehen, um irgendwelche Dinge an den Tisch zu holen – alles liegt auf dem Wagen bereit.

In der Cafeteria gibt es keinen Spielbereich, der Raum dient ausschließlich dem Essen.

Das Atelier

Im Atelier gibt es vier Bereiche.

- Im **Nassbereich** befindet sich ein großes Waschbecken zum Auswaschen der Pinsel und Malpaletten. In diesem Bereich steht ein Regal mit einer Maximalhöhe von 1,50 m mit Farben, Pinseln, Eimern, Ton, Gipsplatten und Engoben.
- Diesem Bereich gegenüber liegt der **Malplatz**. Hier steht ein Papier- und Mappenregal. Wir bieten den Kindern vorrangig Papier in den Größen A2 und A1 an. Um dies gut zu lagern, braucht es ein großes Regal, in dem die Mappen der einzelnen Kinder, in denen sie die fertigen Kunstwerke aufbewahren, gut stehen können. Hier finden sich auch die Staffeleien, Malbretter und Malhocker.
- Im dritten Bereich warten **das Werkzeug, der Werkzeugschrank und die Werkbank**. Das Werkzeug wird stets zu Beginn des Kindergartenjahres neu eingeführt,[24] und dazu jeweils an einer Wand ausgehangen. Nicht eingeführtes Werkzeug bleibt im Schrank. In einer Kiste lagern Holzreste, Pappkartons und Papprollen.
- Im vierten Bereich, dem **Bastelbereich**, gibt es ein Regal voller Bastelmaterial, es stehen Scheren und Kleber bereit. Vor dem Regal stehen sehr stabile Tische und Hocker. Quer durch den Raum ist ein Streifen Drahtnetz gespannt. In diesem Netz können Arbeiten zum Trocknen abgelegt werden.

24 Eingeführtes Werkzeug bedeutet, dass die Kinder den Umgang mit dem Werkzeug geübt haben, ihnen die Gefahren in der Benutzung bekannt sind, und sie die Werkzeuge sicher anwenden können.

Der Bewegungsraum

Jeder Kindergarten sollte über einen großen Turnraum verfügen. Dieser Raum hat eine Spiegelwand, in der Ecke einen Stapel mit Turnmatten und ist direkt an ein Materiallager angeschlossen. Der Raum ist leer, eine Musikanlage wurde installiert. Sämtliche Turnmaterialien werden im Materialraum aufbewahrt. Dazu wurde dieser mit einem großen Regal ausgestattet.

Das Universum

Im Universum gibt es vier Bereiche.

- Der **Wasserbereich** befindet sich in Form einer Nassstrecke mit Waschbecken und wasserfesten Tischen an einer Wand. Es gibt ein Regal, in dem diverse Gefäße zum Abmessen von Wassermengen und Umschütten von Flüssigkeiten bereitstehen.
- Der **Pflanzbereich** ist vor dem Fenster eingerichtet. Hier stehen flache Regale, zwei Fächer hoch, auf denen Pflanzkästen, kleine Gewächshäuser und Wurzelhäuser stehen, in denen Pflanzen gezogen werden.
- Im **Mathematikbereich** steht ein großes Regal, in dem mit mathematischen Aufgaben vorbereitete Lerntabletts bereitstehen. Es gibt Tische und Stühle an der Wand, an denen die Kinder sitzen und mit den Tabletts arbeiten können.
- Im **Elektrobereich** steht ein Regal, in dem vorbereitete Lerntabletts bereitstehen, auf denen Material zum Aufbauen von Stromkreisen liegt. Es gibt Tische und Stühle an der Wand, an denen die Kinder sitzen und mit den Tabletts arbeiten können.

Eine Wand wurde mit magnetischer Whiteboardfolie beklebt, ein Nahdistanzbeamer hängt an der Decke. Vor dieser Wand liegt der Morgenkreisteppich.

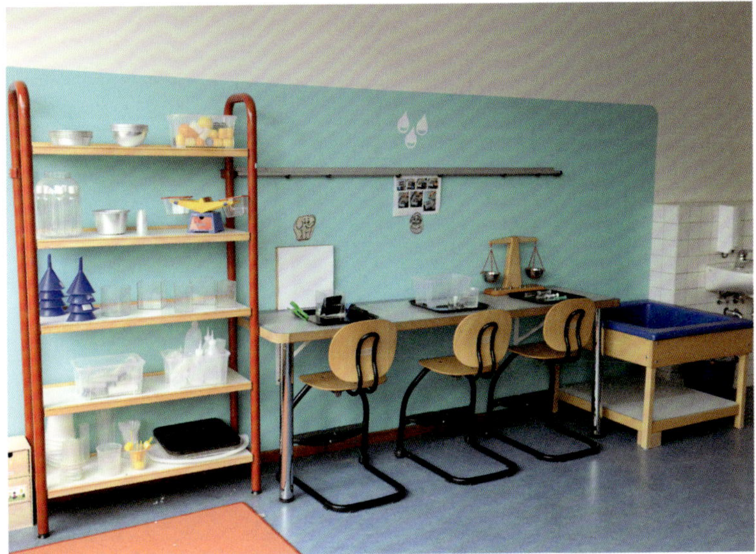

Der Sprach- und Gesellschaftsraum

Der Raum ist in drei Bereiche geteilt.

- Es gibt den **Vorlesebereich** mit Bücherregal, Vorlesesessel und Sitzkissen.
- Es gibt den **Weltenbereich** mit einer großen Weltkarte an der Wand, einem Regal, auf dem ein Globus steht und auf dem Gegenstände aus verschiedenen Teilen der Welt ausgestellt werden.
- Im **Spielbereich** steht ein Tisch mit Stühlen, in einem Regal finden sich viele Gesellschaftsspiele.

Eine Wand wurde mit magnetischer Whiteboardfolie beklebt, ein Nahdistanzbeamer hängt an der Decke. Vor dieser Wand liegt der Morgenkreisteppich.

Aa Bb Cc Dd Ee Ff
Ii Jj Kk Ll Mm Nn
Rr Ss Tt Uu Vv Ww

Der Bauraum

Der Bauraum ist ein großer Raum mit viel freiem Platz zum Bauen. An zwei Wänden stehen Regale. In einem davon liegen die Bausteine nach Größe und Form sortiert. Davor stehen die Großraumbausteine samt Zubehör. Im anderen Regal stehen die Fahrzeuge, mit Nummern versehen. Große Fahrzeuge stehen davor auf dem Boden. In beiden Regalen wurden Aufräumhilfen eingeklebt. Im Bausteinregal sind mit Klebeband die Formen und Größen der Bausteine auf den Regalböden gekennzeichnet. Im Fahrzeugregal sind Parkplätze für die Fahrzeuge auf den Regalböden zu sehen und mit Nummern versehen worden. So hat jedes Fahrzeug einen eigenen Parkplatz. Man kann auf einen Blick sehen, welches Fahrzeug fehlt.

Im selben Regal stehen die Kästen mit den Tieren. Diese haben eine bestimmte Zuordnung. Es gibt Haustiere, Waldtiere, Dschungeltiere, Wassertiere, Lufttiere und Wüstentiere. Auch zeigt ein eingeklebtes Foto, welche Kiste an welche Stelle gehört.

Auf dem Bausteinregal liegen die Helme. Wer über die Höhe der eigenen Schulter hinaus baut, muss einen Helm aufsetzen. Diese Regel wurde auf einem kleinen Poster, welches neben dem Bausteinregal an der Wand hängt, festgehalten.

Im Bauraum gibt es noch eine Ecke für das Konstruieren mit großen Pappkartons. An der Wand hängt ein Werkzeugregal mit den Makedo-Schrauben und weiteren Werkzeugen.

An den Wänden im Bauraum hängen Architekturzeichnungen, Fotos von berühmten Bauwerken und eigene Bauskizzen der Kinder.

Eine Wand wurde mit magnetischer Whiteboardfolie beklebt, ein Nahdistanzbeamer hängt an der Decke. Vor dieser Wand liegt der Morgenkreisteppich.

Der Rollenspielraum

Im Rollenspielraum ist alles auf das Puppenspiel und Rollenspiel ausgerichtet. Es gibt großzügig angelegte Möglichkeiten zum Einkaufen und zum Füttern, Wickeln und Schlafenlegen der Puppen. In der Puppenküche wird gekocht, im Puppenwohnzimmer werden Gäste empfangen und bewirtet. Die Rollenspielwände zonieren den Raum, indem durch sie kleine Räume angedeutet werden, in denen das jeweilige Spielthema umgesetzt werden kann.

Rollenspielräume verwahrlosen schnell. Deshalb ist es wichtig, jeden Funktionsbereich so auszustatten, dass das Material übersichtlich angeordnet und leicht aufgeräumt werden kann. Liebevolle Accessoires wie Kunstblumentöpfe, Spiellicht, ein Körbchen für den Kuschelhund samt Fressnapf, übersichtlich aufbewahrt, regen dazu an, Ordnung zu halten. Trotzdem brauchen die Kinder in diesem Raum viel Anleitung und das Mitspielen einer erfahrenen pädagogischen Fachkraft.

Eine Wand wurde mit magnetischer Whiteboardfolie beklebt, ein Nahdistanzbeamer hängt an der Decke. Vor dieser Wand liegt der Morgenkreisteppich.

Der Musikraum

- Der Musikraum ist leer, an der Wand steht ein Klavier, in einer Ecke stehen Trommeln. Ein Musikinstrumentenschrank steht in einer anderen Ecke.
- In der Mitte liegt ein großer, runder Teppich, es gibt Sitzkissen oder Sitzbänke an den Wänden.
- Eine Wand wurde mit magnetischer Whiteboardfolie beklebt, ein Nahdistanzbeamer hängt an der Decke.

Der Lichtraum

- Der Lichtraum kann in einem kleinen Nebenraum oder in einer Ecke des Flures, in der es kein Fenster gibt, eingerichtet werden.
- Es gibt einen großen Lichttisch, einen Overheadprojektor und eine weiße Wand mit einem semitransparenten Seidenvorhang. In einem Regal stehen Kisten voller Material zum Durchleuchten oder Schatten werfen.
- Gibt es in diesem Raum ein Fenster, muss eine Verdunklungsmöglichkeit angebracht werden.

Der Makerspace

Im Makerspace stehen Tische und Stühle in der Mitte. An einer Wand steht ein großes Regal, im unteren Bereich mit großen Materialsammelboxen für das sortierte Aufbewahren von Alltagsmaterial. In den oberen Regalteilen finden sich kleine Boxen mit Elektronikmaterial, Klebepistolen und die Lötstation.

Eine Wand wurde mit Kapatafeln verkleidet, die aus Leichtschaum bestehen und einfach anzubringen sind. Hier können Projekte und Arbeitsergebnisse angepinnt werden. Die Tafelwand dient auch der Dokumentation der einzelnen Arbeitsschritte im Design Thinking.

Eine Wand wurde mit magnetischer Whiteboardfolie beklebt, ein Nahdistanzbeamer hängt an der Decke.

Die Cafeteria

In der Cafeteria nehmen die Kinder ihre Mahlzeiten ein. Sie ist in zwei Bereiche geteilt: einen Bereich für das Geschirr, den Abwasch und das Ausgeben der Mahlzeiten und einen Bereich, in dem Gruppen essen.

Im Essbereich sitzen die Kinder und Pädagogen an normal hohen Tischen, auf hohen Stühlen.

Das Geschirr, die Getränke, Servietten und das in Schüsseln bereitgestellte Essen gelangen auf einem Wagen an den Tisch. So kann die Pädagogin bei den Kindern bleiben und muss nicht aufstehen, um irgendwelche Dinge an den Tisch zu holen. Der Tischdienst deckt den Tisch vom Tischwagen aus.

In der Cafeteria gibt es keinen Spielbereich, der Raum dient ausschließlich dem Essen.

DAS RAUMPROGRAMM DER GRUNDSCHULE

Die Klassenräume

In der Grundschule verfügt jede Klasse über einen eigenen Klassenraum. Die Klassenräume sind mit Stühlen und leichten Tischen ausgestattet. Jedes Kind hat seinen eigenen Tisch. Die Tische können problemlos verschoben und zu verschiedenen Formationen umgestellt werden.

Der Raum ist in Zonen geteilt.

- Vorn an der Tafel gibt es eine **Erklärzone**. Hier vermittelt die Lehrperson den Unterrichtsstoff an eine kleine Kindergruppe. Der Rest des Raumes teilt sich in einen Gruppenarbeitsbereich und einen Spielbereich.
- Im **Gruppenarbeitsbereich** sind die Tische in kleinen Gruppen angeordnet.
- Im **Spielbereich** liegt ein Spielteppich, es gibt Kissen und ein Regal mit einigen wenigen Spielmaterialien. Eine Wand wurde mit magnetischer Whiteboardfolie beklebt, ein Nahdistanzbeamer hängt an der Decke. Davor liegt der Morgenkreisteppich.
- Im Klassenraum gibt es ein Regal mit Lernmaterialien und eine große Pinnwand für die Präsentation von Arbeitsergebnissen.
- Im **Flurbereich**, in unmittelbarer Nähe zum Klassenraum, stehen die Spinde der Kinder. Direkt vor dem Klassenraum sind Lerntheken aufgebaut.

Die Schulcafeteria

Die Schulcafeteria gleicht einem Restaurant. Aus einer Küche, die hinter einer hellen und freundlichen Ausgabe liegt, wird das Essen an die Schüler ausgegeben. Gegessen wird an Tischen, die groß genug für mindestens eine halbe Klasse und die Lehrperson sind.

Um in der Cafeteria eine angenehmen Essenssituation zu gestalten, ist insbesondere auf die Durchwegung zu achten. Wie holen sich die Schülerinnen und Schüler ihr Essen, wo sitzen sie und wo wird das benutze Geschirr zurückgegeben.

Auch auf Schallschutzelemente sollte besonderer Wert gelegt werden. Eine gute und angenehme Essenssituation fördert die soziale Gemeinschaft und ist eine unverzichtbare Basis.

Der Musikraum

- Der Musikraum ist leer, an der Wand steht ein Klavier, in einer Ecke stehen Trommeln. Ein Musikinstrumentenschrank steht in einer anderen Ecke.
- In der Mitte liegt ein großer, runder Teppich, es gibt Sitzkissen oder Sitzbänke an den Wänden.
- Eine Wand wurde mit magnetischer Whiteboardfolie beklebt, ein Nahdistanzbeamer hängt an der Decke.

Das Grundschulatelier

Im Atelier gibt es vier Bereiche.

- Im **Nassbereich** befindet sich ein großes Waschbecken zum Auswaschen der Pinsel und Malpaletten. In diesem Bereich steht ein Regal mit einer Maximalhöhe von 1,50 m mit Farben, Pinseln, Eimern, Ton, Gipsplatten und Engoben.
- Diesem Bereich gegenüber liegt der **Malplatz**. Hier steht ein Papier- und Mappenregal. Wir bieten den Kindern vorrangig Papier in den Größen A2 und A1 an. Um dies gut zu lagern, braucht es ein großes Regal, in dem die Mappen der einzelnen Kinder, in denen sie die fertigen Kunstwerke aufbewahren, gut stehen können.
- In diesem Bereich finden sich auch die Staffeleien, Malbretter und Malhocker.
- Im dritten Bereich warten **das Werkzeug, der Werkzeugschrank und die Werkbank**. Das Werkzeug wird stets zu Beginn des Grundschuljahres neu eingeführt und dazu jeweils an einer Wand ausgehangen. Nicht eingeführtes Werkzeug bleibt im Schrank. In einer Kiste lagern Holzreste, Pappkartons und Papprollen.
- Im vierten Bereich, dem **Bastelbereich**, gibt es ein Regal voller Bastelmaterial, es stehen Scheren und Kleber bereit. Vor dem Regal stehen sehr stabile Tische und Hocker.

Quer durch den Raum ist ein Streifen Drahtnetz gespannt. In diesem Netz können Arbeiten zum Trocknen abgelegt werden.

Nase putzen
Hygieneregeln
TU DU's FÜR DICH UND DIE WELT

Das Universum

Im Universum gibt es vier Bereiche.

- Der **Wasserbereich** befindet sich in Form einer Nassstrecke mit Waschbecken und wasserfesten Tischen an einer Wand. Es gibt ein Regal, in dem diverse Gefäße zum Abmessen von Wassermengen und Umschütten von Flüssigkeiten bereitstehen.
- Der **Pflanzbereich** ist vor dem Fenster eingerichtet. Hier stehen flache Regale, zwei Fächer hoch, auf denen Pflanzkästen, kleine Gewächshäuser und Wurzelhäuser stehen, in denen Pflanzen gezogen werden.
- Im **Mathematikbereich** steht ein großes Regal, in dem mit mathematischen Aufgaben vorbereitete Lerntabletts bereitstehen. Es gibt Tische und Stühle an der Wand, an denen die Kinder sitzen und mit den Tabletts arbeiten können.
- Im **Elektrobereich** steht ein Regal, in dem vorbereitete Lerntabletts bereitstehen, auf denen Material zum Aufbauen von Stromkreisen liegt. Es gibt Tische und Stühle an der Wand, an denen die Kinder sitzen, und mit den Tabletts arbeiten können.

Eine Wand wurde mit magnetischer Whiteboardfolie beklebt, ein Nahdistanzbeamer hängt an der Decke. Vor dieser Wand liegt der Morgenkreisteppich.

DUDEN

Der Hortraum

Der Hortraum ist in vier Bereiche geteilt.

– Es gibt einen kleinen **Rollenspielbereich** mit der Möglichkeit, Puppen zu füttern und zu wickeln. Ein Einkaufsladen gehört dazu.
– Der **Baubereich** ist mit einem großen Bauteppich ausgelegt. Große Holzkisten sind mit Bausteinen und diversen Alltagsmaterialien gefüllt. Große Fahrzeuge stehen bereit. Es gibt eine anspruchsvolle Murmelbahn.
– Im **Bastelbereich** stehen ein großer Tisch mit Stühlen und ein Regal voll mit Bastelmaterial.
– Im **Lernbereich** sieht es ähnlich aus: ein großer Tisch und Stühle, außerdem ein Regal mit Lernmaterial.
– Im **Lesebereich** stehen große Sofas und ein Bücherregal.

Im Flur vor dem Hortraum sollten verschiedene Spielwände installiert sein. Das kann eine Lego-Wand oder eine Gummiband-Wand oder eine Wand mit einem großen Sandspieltisch sein.

Kk Ll Mm

Ostern

Das Lernatelier

Im Lernatelier hat eine Lernfamilie Platz. Jeder Schüler hat hier seinen eigenen Arbeitsplatz mit Stauraum für persönliche Dinge und Lernmaterialien.

Der Instruktionsraum

Im Instruktionsraum wurde eine Wand mit magnetischer Whiteboardfolie beklebt, ein Nahdistanzbeamer hängt an der Decke. Im Raum steht ein Stuhlkreis. Die Wände sind mit optisch ansprechendem Schallschutz verkleidet.

Der Fachraum Sprachen

Im Fachraum Sprachen wurde eine Wand mit magnetischer Whiteboardfolie beklebt, ein Nahdistanzbeamer hängt an der Decke. Im Raum steht ein Stuhlkreis. Die Wände sind mit optisch ansprechendem Schallschutz verkleidet.

Es gibt Pinnwände, an denen auf Plakaten und Bildern die an der Schule unterrichteten Sprachen vorgestellt werden. In einem Regal befinden sich entsprechende Bücher.

Der Fachraum Naturwissenschaften

Im Fachraum Naturwissenschaften wurde eine Wand mit magnetischer Whiteboardfolie beklebt, ein Nahdistanzbeamer hängt an der Decke. Der Raum ist mit Tischen ausgestattet, die für Experimente geeignet sind. Es gibt eine Nassstrecke und einen Experimentierbereich für die Lehrperson. Der Raum verfügt über einen Vorbereitungsraum, der mit den vorgeschriebenen Aufbewahrungsmöglichkeiten für Chemikalien und anderen, nicht für Schüler zugänglichen Dingen ausgestattet ist.

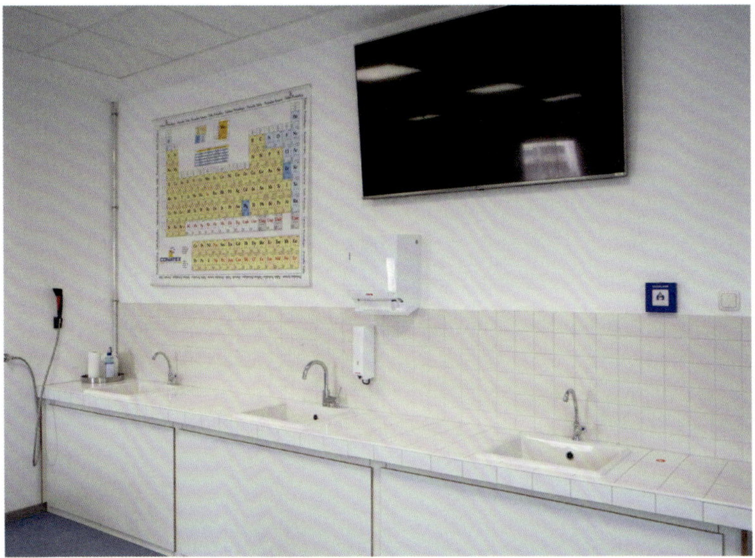

Das Kunstatelier

Das Kunstatelier ist ein sehr großer Raum, in dem die vorhandenen Möbel flexibel genutzt werden. Tische und Hocker können in eine Ecke geräumt werden, damit die Staffeleien aufgestellt werden können. Der Raum verfügt über eine Wasserstrecke zum Auswaschen von Pinseln und Malpaletten. In einem Regal stehen Farben, Ton, Gipsplatten und Arbeitswerkzeuge bereit. Besondere Materialien wie Radiernadeln und Künstlerkreide werden in Schränken aufbewahrt.

Im Kunstatelier wurde eine Wand mit magnetischer Whiteboardfolie beklebt, ein Nahdistanzbeamer hängt an der Decke.

Der Makerspace

Im Makerspace gibt es vier Bereiche.

- Im **Maschinenbereich** stehen die Fräse und ein großer Lasercutter.
- Im **Elektrobereich** stehen Tische und Stühle, hier wird mit elektronischen Materialien gearbeitet. An einer Wand gibt es ein Regal zum Aufbewahren der Materialien. Im unteren Bereich des Regals wird in großen Behältern Alltagsmaterial sortiert und gesammelt.
- Im **Nähbereich** stehen Nähmaschinen und eine Stickmaschine bereit. Es gibt Tische und Stühle und Schränke zum Aufbewahren der Materialien.
- Im **Codingbereich** stehen ebenfalls Tische und Stühle und ein Schrank zum Aufbewahren der Laptops und Tablets.

In allen Bereichen gibt es Pinnwände oder mit Kapa verkleidete Wände zum Anbringen von Postern und Arbeitsblättern.

Der Musikraum

- Der Musikraum ist leer, an der Wand steht ein Klavier, in einer Ecke stehen Trommeln. Ein Musikinstrumentenschrank steht in einer anderen Ecke.
- In der Mitte liegt ein großer, runder Teppich, es gibt Sitzkissen oder Sitzbänke an den Wänden.
- Eine Wand wurde mit magnetischer Whiteboardfolie beklebt, ein Nahdistanzbeamer hängt an der Decke.
- Eine Wand wurde mit optisch ansprechendem Schallschutz verkleidet.
- In einer Ecke ist die Bandausstattung aufgebaut.

Der Podcastraum

Für den Podcastraum wurde ein kleiner Raum gewählt, dessen Wände mit Schallschutzplatten verkleidet wurden. Auf einem kleinen Tisch steht die Aufnahmetechnik samt Mikrofonen bereit. Es können drei oder vier Personen gemeinsam in diesem Raum arbeiten.

Schlusswort: Über den bewussten Umgang mit Lern- und Spielmaterial in der Klax-Pädagogik

Es ist nicht egal, welche Materialien in Kindergärten und Schulen eingesetzt werden.

Wir sprechen in der Klax-Pädagogik davon, dass Material sicher, sinnvoll und anregend sein muss. Es gibt aber noch weitere Aspekte, die bedacht werden müssen, bevor man sich für ein bestimmtes Material entscheidet. Dies sind unter anderem Nachhaltigkeit, Kosten und Lebensdauer der Materialien.

Über den Sinn von Räumen und Material haben wir am Anfang ausführlich geschrieben. Jedes pädagogische Material muss für den Lerner interessant sein, es soll ihm helfen zu verstehen und auf bereits verstandene oder gelernte Sachverhalte aufbauen.

Kleinkinder untersuchen Alltagsmaterial, Kindergartenkinder brauchen Materialien, an denen sie sich messen können, zum Beispiel durch das Konstruieren von Bauwerken oder das Ziehen einer Pflanze, das Steuern eines Roboters oder das Herstellen eines Stromkreises. In Kindergarten und Schule sind alle Materialien sinnvoll, die der Veranschaulichung dienen. Die Lerntabletts sind eine gute Möglichkeit, sich gezielt auf einen Sachverhalt zu konzentrieren, und eine gute Form, um Übungen und Aufgaben zu arrangieren. Material sollte in allen Räumen stets aufgeräumt und anschaulich aufbereitet angeboten werden. Jeder sollte sofort verstehen können, was mit dem Material getan werden soll. Das Aufräumen muss schon beim Bereitstellen der Materialien Berücksichtigung finden. Hilfsmittel wie Aufräumfotos oder Anregungsfotos werden unbedingt benötigt.

Bevor Materialien angeschafft werden, sollte man sich über den Hersteller und die in der Herstellung verwendeten Materialien informieren. Es ist gut, in erster Linie auf Naturmaterialien wie Holz oder Wolle zu setzen. Allerdings ist ein prinzipieller Ausschluss von Plastik nicht realistisch. Es kann nicht alles aus Holz sein, und Gegenstände aus Plastik und Metall sind Teil unserer Lebensrealität. Trotzdem muss auf energieeffiziente und schadstoffarme Auswahl geachtet werden. Auch sollten alle in Kindereinrichtungen eingesetzten Materialien den gesetzlichen Bestimmungen entsprechen und keine Schadstoffe enthalten. Unfallrisiken sollen vermieden werden.

Gekauft werden sollte, was lange hält und pädagogisch wertvoll ist. Solche Materialien sind in der Anschaffung oft teurer, machen sich aber im Laufe der Zeit bezahlt: „Wer billig kauft, kauft oft" lautet eine Redensart, die auch im pädagogischen Bereich ihre Gültigkeit hat.

Materialien verschwinden schnell oder gehen kaputt, wenn ihre Benutzung nicht geregelt ist, und die Einhaltung der Regeln nicht kontrolliert wird. Auch hier spielt die entwickelte und sich selbst regulierende soziale Gemeinschaft eine entscheidende Rolle. Benutzungsregeln, Aufräumpflichten und Kontrollsysteme sorgen dafür, dass die Räume und die pädagogischen Materialien in Kindereinrichtungen und Schulen für lange Zeit und für alle Lernenden eine angenehme und anregende Umgebung darstellen.

Die Autoren

Antje Bostelmann

Antje Bostelmann, 1960 in Rostock geboren, ist ausgebildete Krippenerzieherin und Gründerin von Klax. Das von ihr entwickelte Konzept der Klax-Pädagogik findet in zahlreichen Bildungseinrichtungen in ganz Europa Anwendung. Antje Bostelmann berät Unternehmen und Institutionen bei der Umsetzung moderner Bildungskonzepte und teilt ihr Wissen und ihre langjährige praktische Erfahrung in Workshops, Seminaren und auf Kongressen. Sie gilt als Vorreiterin für die Anerkennung der Bildungsarbeit in der Frühpädagogik und den sinnvollen Einsatz digitaler Medien in Kindergarten und Schule. Sie hat zahlreiche Spiel- und Lernmaterialien entwickelt und über 50 pädagogische Fachbücher veröffentlicht, darunter viele Bestseller. Antje Bostelmann ist Mutter von drei erwachsenen Kindern und lebt in Berlin.

Gerrit Möllers

Gerrit Möllers, 1980 in Münster geboren, ist studierter Pädagoge und Geschäftsführer von Klax. Zu dem nach dem Mauerfall in Berlin gegründeten Bildungsunternehmen gehören neben Kindergärten und Schulen auch ein Weiterbildungsinstitut, ein Verlag, eine Plattform für digitale Bildungsdokumentation sowie ein Bio-Cateringbetrieb. Gerrit Möllers hat bei Klax jahrelang die Bereiche pädagogische Entwicklung und Qualitätssicherung geleitet. Seit 2017 ist er als Geschäftsführer für die wirtschaftliche Stabilität der Klax Gruppe und die Sicherung von über 700 Arbeitsplätzen verantwortlich. Gerrit Möllers ist verheiratet und lebt in Berlin.

Bildnachweis

S. 14, 26, 51, 64, 70, 77, 86 unten, 87, 93, 94, 96, 133, 134, 135, 137, 139, 140, 141, 142, 144, 145, 146, 148, 149 oben: © Klax;

S. 15, 18, 23, 31, 36, 46, 47, 49, 52, 57, 58, 61, 65, 66, 68, 69, 72, 74, 75, 82, 84, 86 oben, 88, 91, 92, 95, 97, 98, 99, 100, 108, 109, 111 unten, 113 unten, 114, 115, 117 unten, 121 unten, 123, 125 unten, 127 unten, 128, 129, 130, 131, 143, 147, 149 unten: © Barbara Dietl – www.dietlb.de;

S. 22, 29, 54, 103, 105, 107, 110, 111 oben, 113 oben, 117 oben, 118, 119, 121 oben, 122, 124, 125 oben, 126, 127 oben: © Barbara Seyerlein;

S. 33: © stock.adobe.com/Magnus; S. 38: © stock.adobe.com/LiliGraphie

Notizen

Außerdem erhältlich

Verantwortungsbewusst, sozialkompetent, kreativ

Das Bild vom Kind in der Klax-Pädagogik

Das Kind in den Mittelpunkt der pädagogischen Arbeit stellen, ihm Potenziale und Kompetenzen zugestehen und Pädagogen Instrumente an die Hand geben, die den Bedürfnissen der Kinder gerecht werden – das sind die Grundelemente der Klax-Pädagogik.

Aber was genau macht die Klax-Pädagogik aus? In dem vorliegenden ersten Band der Reihe über die Klax-Pädagogik gehen die Autoren folgenden Fragen nach:

- Was wird bei Klax unter Erziehung und Bildung verstanden?
- Welche Eigenschaften und welche Fähigkeiten werden den Kindern zugesprochen?
- Was zeichnet einen authentischen Erwachsenen aus und welche äußeren Gegebenheiten sind notwendig für eine gelingende Pädagogik?

Antje Bostelmann,
Gerrit Möllers

Verantwortungsbewusst, sozialkompetent, kreativ Das Bild vom Kind in der Klax-Pädagogik

Bananenblau 2015
ISBN 978-3-942334-48-8

Außerdem erhältlich

Respekt, Beteiligung, Regeln

Die soziale Gemeinschaft in der Klax-Pädagogik

Das Ziel der Klax-Pädagogik besteht in der Begleitung der Kinder auf ihrem Weg zu verantwortungsvollen, sozialkompetenten, kreativen Persönlichkeiten. Damit dies gelingt, liegt ein Schwerpunkt jeglichen pädagogischen Handelns im Aufbau und Schutz der sozialen Gemeinschaft.

Im vorliegenden zweiten Band der Reihe zur Klax-Pädagogik gehen die Autoren folgenden Fragen nach:

- Welche Organisationsformen und Arbeitsroutinen sind notwendig, um eine stabile soziale Gemeinschaft aufzubauen?
- Welche Routinen und Rituale unterstützen das Zusammenleben?
- Warum ist es entscheidend, wie eine pädagogische Institution aufgebaut ist und wie die pädagogischen Fachkräfte darin handeln?

Antje Bostelmann,
Gerrit Möllers

Respekt, Beteiligung, Regeln
Die soziale Gemeinschaft in der Klax-Pädagogik

Bananenblau 2020
ISBN 978-946829-38-6

Außerdem erhältlich

Portfolio, Stufenblätter, Lotusplan

Methoden und Werkzeuge des Lernens in der Klax-Pädagogik

Im vorliegenden dritten Band der Reihe zur Klax-Pädagogik gehen die Autoren unter anderem folgenden Fragen nach:

- Welche Organisationsformen und Arbeitsroutinen sind notwendig, um das Ziel der Klax-Pädagogik, verantwortungsvolle Menschen und Mitbürger zu fördern, erfolgreich im alltäglichen Handeln umzusetzen?
- Welche Werkzeuge, Standards und Regeln unterstützen das selbstorganisierte und selbstverantwortete Lernen mit Zielen?
- Was können Kindergärten und Schulen tun, um Kindern eine anregende Lernumgebung zu bieten, die sie zur bestmöglichen Leistung führt?
- Wie können Bildungsinstitutionen die Anforderungen der aktuell weltweit diskutierten Zukunftskompetenzen umsetzen?

Antje Bostelmann,
Gerrit Möllers

**Portfolio, Stufenblätter, Lotusplan
Methoden und Werkzeuge des Lernens
in der Klax-Pädagogik**

Bananenblau 2020
ISBN 978-942334-53-2

Außerdem erhältlich

Einfach machen!

Den digitalen Wandel im Kindergarten gestalten

Wie können Vorschulkinder digitale Medien sinnvoll nutzen? Diese vieldiskutierte Frage bringt mitunter die Idee zum Vorschein, Kinder in diesem Alter noch von der Digitalisierung fernzuhalten. Aus Sicht von Antje Bostelmann ist dies ein Irrweg und kein Standpunkt, über den man ernsthaft diskutieren muss. Die Begründerin der Klax-Pädagogik appelliert stattdessen an Bildungsinstitutionen, sich den neuen Herausforderungen zu stellen und die Potenziale darin zu erkennen. Mit diesem Medienhandbuch liefert sie konkrete Anregungen, die ein gutes Gelingen von digitaler Bildung in Kitas und Vorschulen ermöglichen.

Antje Bostelmann

Einfach machen! Den digitalen Wandel im Kindergarten gestalten

Bananenblau 2021
ISBN 978-3-946829-57-7

Außerdem erhältlich

Schaut mal, wie ich lerne!

Das Zusammenspiel von Körper und Gehirn in der frühkindlichen Entwicklung

Dieses Buch lädt uns auf eine Reise durch die Entwicklung des Gehirns ein. Neueste Erkenntnisse aus der Neurowissenschaft werden in die praktische Arbeit in der Kita integriert und sind handlungsorientiert und verständlich aufbereitet. PädagogInnen und Eltern erfahren, warum was im Gehirn zu welchem Zeitpunkt passiert und wie wir die Gehirnentwicklung von Kindern im Alter von 0-6 Jahren positiv beeinflussen können und sollten. Klar und mit Praxisbezug beschreibt das Autorenteam unsere Aufgabe in Kitas, genauso wie im privaten Umfeld: ohne Motorik kein Fortschritt, ohne Stimulanz keine Entwicklung, ohne Nähe kein Vertrauen. Es ist der Körper, der dem Gehirn das Denken lehrt.

Grete Helle,
Tom Rune Fløgstad

Schaut mal, wie ich lerne! Das Zusammenspiel von Körper und Gehirn in der frühkindlichen Entwicklung

Bananenblau 2020
ISBN 978-3-946829-36-2